„Das Boulespiel ist gut gegen Rheuma
und alle möglichen anderen Leiden,
und es ist für Menschen aller Altersstufen,
vom Kind bis zum Greis."

Francois Rabelais

(französischer Dichter, 1494-1553)

Das Boule-Spiel

PÉTANQUE

... die Faszination der Eisenkugeln

von

Martin Koch

mit

36 Abbildungen

und Fotografien von

Hervé Dieu

6. Auflage
2024

VERLAG WEINMANN — BERLIN

Bibiografische Inormation Der Deutschen Nationabibiothek
Die Deutsche Nationalbibliothek verzeichnet diese Publikation in der Deutschen Nationalbibliografie; detaillierte bibliografische Daten sind im Internet über http://dnb.ddb.de abrufbar.

Repro: D. Gerhardt

Inhaltsverzeichnis

Vorwort

Das Hin und Her der Kugeln symbolisiert eine Lebensart, die außerhalb Deutschlands zuhause ist. Ein wenig Fernweh entsteht, die frankophile Seele schwingt mit und das Ganze wirkt sinnlich, dem Leben zugewandt. Kein Zweifel, Boulespielen ist ein geselliges Freizeitvergnügen für Leute, die zu genießen wissen. Das hängt vielleicht auch damit zusammen, dass nicht selten neben den Kugeln ein guter Rotwein im Sportgepäck liegt. Kein Wunder, dass die Kugelfreunde in Deutschland zu einer großen und expandierenden Gemeinde geworden sind. Oft wurde ich mitten im Spiel von wildfremden Leuten angesprochen, die wissen wollen, was wir dort eigentlich treiben. Meine Antworten waren der erste Schritt zu diesem Buch.

Doch was spielen wir? Wir nennen es so gut wie immer „Boule“. Aber eigentlich heißt das Spiel „Pétanque“. „Boule“ bedeutet im Französischen schlicht „Kugel“, und „Jeu de Boule“ ist nur das Kugelspiel. Trotzdem spielen fast alle, selbst wenn sie das nicht wissen, nach den Regeln des Pétanque. Sie sagen Boule und meinen Pétanque. Natürlich gibt es eine Reihe von Spielarten neben Pétanque, etwa das italienische Boccia, sogar das ostfriesische Bosseln könnte man dazu zählen. Bei genauerem Nachforschen kommt eine ganze Reihe verwandter Spiele zusammen, zum Beispiel Eisstockschießen und Curling, die alle nach ähnlichen Prinzipien funktionieren. Zu Verwechslungen kann es jedoch eigentlich nur in Frankreich kommen. Dort gibt es noch viele andere Kugelspiele und die Leute meinen, je nach Gegend, jeweils etwas anderes, wenn sie von „Boule“ reden. Was Pétanque ist, weiß dort allerdings jeder.

Unsere französischen Nachbarn kennen auch den Zauber, der das Spiel umgibt. Und sie wissen natürlich von der Gefahr. Mit dem Boulespielen verhält es sich so wie mit anderen schönen Dingen. Es besteht Suchtgefahr. Dabei ist das Spiel an sich ganz und gar harmlos, und sogar auf Grund der vielen frischen Luft, die man dabei nahezu zwangsläufig zu sich nimmt, als gesund zu bezeichnen. Aber es klingt eine abenteuerliche Melodie des Lebens mit, wenn die Kugeln geworfen werden -und es gibt nie ein Unentschieden. Kurz: Boule-Spielen ist eine Metapher des Lebens. Vorsicht ist also angebracht. Sagen Sie nicht, wir hätten Sie nicht gewarnt.

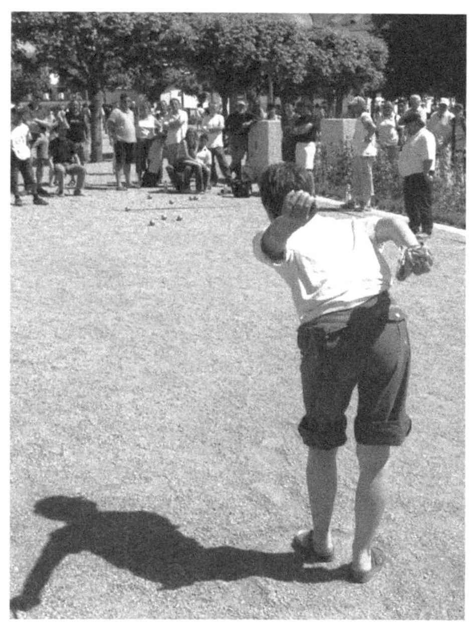

Abbildung 1: Bei uns reden wir von „Boule“, und „Pétanque“ ist fast unbekannt. In Frankreich ist es umgekehrt. Dort versteht man unter „Boule“ meist andere Spiele, aber „Pétanque“ kennt jeder. In Deutschland hat sich mittlerweile eine beachtliche Gemeinde entwickelt, die auch sportliche Ambitionen kennt.

Wer zum harten Kern der Boulespieler gehört, weiß das schon. Manches in diesem Buch wird ihn zum Widerspruch reizen, vieles wird er vielleicht für selbstverständlich halten. Trotzdem profitiert auch der Routinier von der Lektüre. Denn er schaut in dieses Buch wie in einen Spiegel, fast alles ist ihm irgendwie vertraut und dennoch hat er manches so noch nicht gesehen, so noch nicht bedacht. Im besten Fall ergeben sich neue und frische Perspektiven. Allez les Boules!

I. Die Grundlagen: Was zum Spiel gehört

Wer Boule spielen will, braucht nicht viel. Ein Satz von drei Kugeln reicht eigentlich schon völlig aus. Da das Spielzeug aus Eisen ist, hält es ein ganzes Menschenleben lang und noch länger. Boule-Kugeln gehören zu den Erbstücken, die noch die Enkelkinder gebrauchen können -und sei es aus purer Nostalgie. Die bescheidene Ausrüstung ist ein Vor-und ein Nachteil. Der Vorteil liegt auf der Hand: Das Boule-Spiel steht auch dem Ärmsten offen. Was der Spieler braucht, ist nicht teuer: Gute neue Kugeln gibt es schon ab 50 Euro, gebrauchte oft geschenkt, und einen alten Lappen zum Säubern von Hand und Spielgerät findet jeder im eigenen Haushalt. Das Mitspielen kostet im Regelfall keinen Eintritt, da sich in jedem öffentlichen Park eine Ecke finden lässt, die zum Bouleplatz taugt. Der Nachteil: An den Boulespielern lässt sich nur wenig verdienen. Die Industrie findet daher wenig Gefallen an dem Spiel, und so fehlen die großen Sponsoren, die Preisgelder, die Werbung und der ganze Rummel, der um viele Sportarten oder um die Fitnessmoden gemacht wird. Es gibt jedoch Leute, die finden, dass dieser Nachteil eigentlich ein Vorteil sei.

Natürlich ist die Grundausrüstung nicht alles. Wer einsteigt und ein wenig Geld ausgeben möchte, kann das tun. Denn mit den Kugeln allein ist es noch nicht getan. Rund um das Geschehen gibt es mehr oder minder wichtige und nützliche Utensilien, die kein Boulomane missen möchte. Doch selbst derjenige, der nach Herzenslust konsumiert, zum Beispiel jedes Jahr neue Kugeln kauft und auch sonst die Ausrüstung regelmäßig renoviert, hält sein Freizeit-oder Sportbudget im Vergleich zu anderen Sportarten immer noch ziemlich bescheiden.

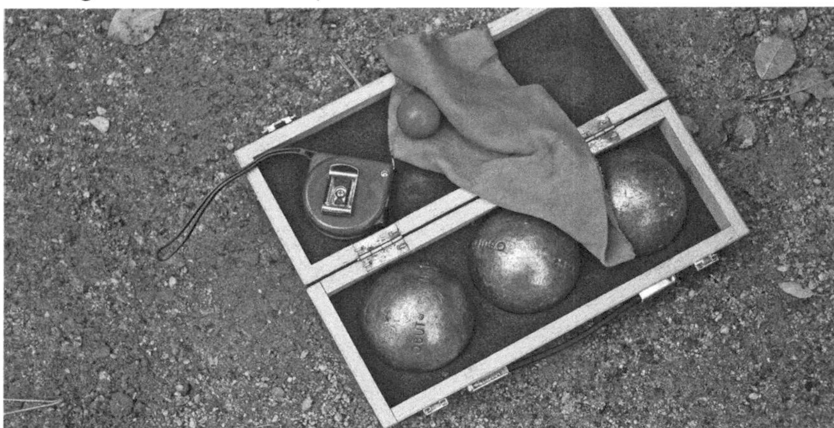

Abbildung 2: Die Grundausrüstung: Kugeln, Lappen, Maßband

1. Aus der Welt der Kugeln

Von außen betrachtet sehen alle Kugeln gleich aus. Anfänger haben häufig sogar Schwierigkeiten, die Boules auseinander zu halten. Wer schon ein wenig länger dabei ist, der kann sich bald nicht mehr daran erinnern, dass auch er einmal ratlos vor den vielen Kugeln stand. Denn eigentlich sind die Kugeln, genauer: jeweils ein Satz von drei Stück, echte Individuen. Sie sind unverwechselbar. Jede echte Boule-Kugel hat zwar zwei identische Geschwister, zu dritt sind sie aber ein Weltunikat. Wie das? Wir kommen gleich drauf. Gehen wir zunächst der Reihe nach vor. Etwa so, wie man mit dem Spiel in Berührung kommt. Anfangs gerät man fast immer an die falschen Kugeln.

Jeder kennt die billigen, meist in Fernost hergestellten, silbern glänzenden Metallbälle, die als Werbegeschenke verschleudert oder im Sechserpack zu „Geiz-ist-geil"-Preisen angeboten werden. Meist ist die Verpackung mehr wert als das, was drin ist. Leider fällt das dem ungeübten Auge nicht auf. Solche Kugeln haben in der Regel nur eine dünne Stahlschicht, und um sie schwerer zu machen haben die Hersteller Zement oder Sand eingefüllt. Es soll sogar schon vorgekommen sein, dass sich im Inneren solcher Kugeln Kuhmist aus China befand. Wer damit Boule spielen will, wird sich nach dem ersten Versuch vorkommen wie einer, der sich mit einem Federballschläger auf einen Tennisplatz verirrt hat.

Selbst renommierte französische Hersteller bieten Kugeln an, die nicht den Wettkampfstandards genügen. Man nennt sie „Freizeitkugeln" um sie von den „Wettkampfkugeln" zu unterscheiden. Immerhin erfüllen sie im besten Fall bestimmte französische Industrie-Normen, die festschreiben, dass diese Kugeln aus 100 Prozent Stahl bestehen, hohl sind und wenigstens ein Gewicht von 600 Gramm auf die Waage bringen. Das unterscheidet sie doch erheblich von den Fernostimporten. Weil die Freizeitkugeln billiger sind als die „echten", werden sie oft von Einsteigern benutzt. Sie wollen schließlich nur in der Freizeit spielen. Aber sobald nur ein wenig der Ehrgeiz erwacht, wird der Bouledfreund nach den Wettkampfkugeln verlangen. Denn das sind die echten Boulekugeln.

Regeln für Wettkampfkugeln

„Wettkampfkugeln" heißen die Kugeln nicht nur, weil der Boulespieler damit besser spielen kann, oder weil deren Metall ihm in der Hand schmeichelt, sondern weil nur sie vom internationalen Pétanque-Verband für den Sportbetrieb zugelassen sind. Die Weltorganisation

„Federation International de Pétanque et Jeu Provencal“ (F. I.P.J. P.) schreibt sehr genau vor, wie die Kugeln beschaffen sein müssen. („Jeu Provencal“ ist der Vorläufer und noch heute ein dem Pétanque verwandtes Kugelspiel, dessen Akteure im gleichen Verband organisiert sind.) Nur mit Kugeln, die dieser Verband abgesegnet hat, dürfen die Spieler an offiziellen Turnieren teilnehmen. Innerhalb einer Bandbreite sind Pétanque-Kugeln streng reglementiert. Artikel Zwei des Regelwerks schreibt Folgendes vor:

Die Kugeln müssen

- aus Metall sein.
- einen Durchmesser zwischen 7,05 Zentimeter (Minimum) und 8 Zentimeter (Maximum) haben.
- über ein Gewicht zwischen 650 Gramm (Minimum) und 800 Gramm (Maximum) verfügen.
- die Gewichtsangabe und das Hersteller-Logo sowie eine Seriennummer müssen auf der Kugel eingraviert und immer lesbar sein.

An diesen drei Merkmalen (Logo, Gewichtsangabe, Seriennummer) erkennt man die gültige Wettkampfkugel. Und diese, auf der Kugel eingestanzten Angaben machen unser Boule-Set zum Unikat. Diese Kombination der Merkmale findet sich auf dem gesamten Erdball nicht wieder, kein Fabrikant der Welt wird sie ein zweites Mal verwenden. Diese drei Gravuren müssen mindestens sein, es sind aber noch weitere erlaubt: Der Name des Spielers oder seine Initialen dürfen zum Beispiel eingestanzt werden oder weitere Markenzeichen des Herstellers. Auch für solche Extras existieren genaue Vorschriften, die in einem so genanntem Leistungsverzeichnis („Cahier des Charges“) festgehalten sind, das der Weltverband den Herstellerfirmen in einem Lizenzverfahren vorschreibt. Wer mit Kugeln spielt deren Garantieschein vermerkt, dass sie den Richtlinien des F.I.P.J.P. gehorchen, kann beruhigt davon ausgehen, mit dem korrekten Material zu hantieren. Selbstverständlich dürfen die Kugeln nach der Fertigstellung nicht mehr verändert werden. Denn dann gelten sie als gefälscht, und es hagelt drastische Strafen für denjenigen, der mit manipulierten Kugeln erwischt wird. Gefälschte Kugeln? Das mag zunächst abwegig klingen. Aber durch die Veränderung der Kugeln lassen sie sich leichter handhaben. Wenn sie schwerer gemacht wurden, indem man eventuell ein in Quecksilber getauchtes Tuch in die Kugel geschmuggelt hat, bleiben sie zum Beispiel an einer Schräge hängen, wo eine regelgerechte Boulekugel wegrollen würde. Ein nochmaliges Ausglühen der Kugeln macht das Metall weicher, und solche Boules bleiben beim

Schießen leichter liegen und verspringen auf harten Böden nicht so stark. Allerdings sind gefälschte Kugeln nur in der harten Zockerszene in Frankreich ein Problem. Und wenn uns unser Geld lieb ist, sollten wir uns auch aus anderen Gründen vor den harten Jungs des Pétanque-Untergrundes hüten.

Die Hersteller

Durch die strenge Regelung darf also nicht jede x-beliebige metallverarbeitende Firma Boule-Kugeln herstellen. Ohne die Erlaubnis des Weltverbandes entstehen keine Wettkampfkugeln. Daher ist die Zahl der Unternehmen, die solche Boule-Kugeln herstellen, übersichtlich. Um die 20 Fabrikanten stehen auf der Liste der Lizenznehmer, die vom F.I.P.J.P. geführt wird. Einer der Hersteller sitzt in Bangkok, einige in Italien, das Gros der Unternehmen stammt jedoch aus Frankreich, dem Mutterland des Pétanque-Spiels. Einige Firmen sind recht klein, Ein-Mann-Betriebe. Manche der dort aufgeführten Hersteller gibt es schon nicht mehr, aber da ihre Kugeln immer noch im Verkehr sind, und weil sie einmal zugelassen wurden, sind deren Produkte weiterhin erlaubt und stehen deshalb auf der Liste der zugelassenen Spielgeräte. Wie gesagt, die Kugeln halten ewig und sind genau so lange gültig. Die größte Firma auf diesem Gebiet und Marktführer in der Kugelherstellung ist La Boule Obut. Sie residiert in dem beschaulichen Örtchen Saint-Bonnet-Le-Château am Rand des französischen Zentralmassivs. Um die vier Millionen Kugeln verlassen die ObutSchmiede pro Jahr -das sind rund 80 Prozent der gesamten Weltproduktion an Boule-Kugeln. Das kommt daher, weil in der Fabrik nicht nur Kugeln hergestellt werden, die den Markennamen „Obut“ tragen („but“ ist in Frankreich die umgangssprachliche Bezeichnung für die Zielkugel, o‘but heißt zu Deutsch etwa „an der Sau“ oder „am Ziel“). Die Fabrik produziert zusätzlich für einige andere Traditionsmarken mit.

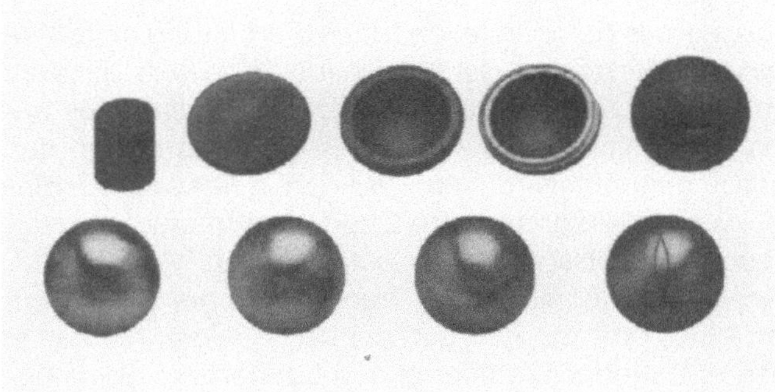

Abbildung 3: Geburt einer Boule-Kugel. Aus einem Stahlstift wird eine ausgewuchtete, innen hohle Kugel. (Quelle: Integrale)

So ist das Städtchen Saint-Bonnet-Le-Chateau zum Zentrum der Kugelherstellung geworden. Neben Obut und mit diesem Unternehmen verbunden residieren dort noch J.B., einer der ältesten und traditionsreichsten Kugelfabriken, die nach Jean Blanc, dem Erfinder der Eisenkugel benannt ist, und La Boule Noire (die „Schwarze Kugel"), eine Firma mit sehr umfangreichem Sortiment. Dazu kommt noch ein in Deutschland wenig bekannter Kugelhersteller namens La Boule Unic, der ebenfalls dort beheimatet war und heute zu Obut gehört. Kein Wunder, dass am Eingang des 1800-Seelen-Dorfes ein Schild steht, auf dem sich der Ort selbstbewusst als „Hauptstadt der Boule-Kugel" feiert. Immerhin tut die Gemeinde etwas für ihren Ruf und unterhält ein Boule-Museum, in dem der Besucher alles Mögliche über die Welt der Kugeln, die Historie des Spiels und die Herstellung kugelrunden Eisens erfährt. Wer auf seinem Frankreichurlaub in die Nähe kommt, sollte mal vorbei schauen.

Weitere bekannte Traditionskugeln sind La Boule Bleue, die Marke, die schon seit Generationen von der Familie Rofritsch aus Marseille verkauft wird. Ebenfalls zur Boule-Geschichte gehört La Boule Integrale aus Lyon, Kugelproduzent seit 1928. Relativ neu, aber schon einigermaßen populär, ist die Firma La Boule V.M.S. Plot aus Nogent in der Haut Marne. Aus deren Schmiede stammen unter anderem die Tortue-Kugeln, die so heißen, weil deren Riffelung wie der Panzer einer Schildkröte aussieht.

Diese zwanzig, vom Pétanque-Verband zugelassenen Firmen stellen oder stellten zusammen über 120 verschiedene Kugelsorten her, die alle die strengen Normen erfüllen. Denn innerhalb dieser Normen bleibt noch viel Raum für Unterschiede. Die Firmen sind sehr findig, und entwickeln immer wieder neue Sorten mit zusätzlichen Raffinessen, die -so wenigstens das Versprechen -dem Spieler noch bessere Schüsse, noch exakteres Legen ermöglichen sollen.

Die Unterschiede ergeben sich aus den verschiedenen Metalllegierungen (Betriebsgeheimnis der Hersteller), der Verarbeitung (teilweise ein Geheimnis) und dem Härtegrad der Kugeln (der ist jeweils bekannt und wird auf dem Beipackzettel angegeben). Die Härte ist eines der wichtigen Merkmale, die nicht auf der Kugel eingestanzt und in den Regeln nicht explizit genannt wird, aber zu den Zulassungsbedingungen gehört. Sie wird in Kilogramm pro Quadratmillimeter (kg/mm^2) gemessen. Vorgeschrieben ist eine Mindesthärte von 110 kg/mm^2. Nach oben ist die Härte einer Kugel von den Regeln her zwar nicht begrenzt, aber im Alltag trifft man so gut wie keine Kugel, die härter als 160 kg/mm^2 wäre. Zu jeder Wettkampfkugel gehört ein Garantieschein, der die technischen Daten aufführt und die Genehmigung des F.I.P.J.P. bestätigt. Kann der Händler eine solche Bestätigung nicht bieten, sollten Sie die Kugeln nicht bei ihm kaufen.

Welche Kugel passt zu wem?

Die grobe Richtung heißt: Leger spielen mit schweren, harten und kleinen Kugeln, Schießer mit großen, weichen und leichten. Wer sich nicht so genau festgelegt hat oder sich als Milieu versteht, also sowohl legt wie schießt, der nimmt irgendetwas dazwischen.

Aber was heißt klein? Das ist ein relativer Begriff. In unserem Fall hängt die Größe der Kugel natürlich von der Größe der Hand ab. Was für den zierlich gebauten zu groß ist, wäre für einen Riesen mit Pranken zu klein. Um diese Unterschiede des Körperbaus auszugleichen, kennt die Regel die Von bis- Spanne. Bisweilen ist es schrecklich zu beobachten wie Frauen, von Natur aus mit eher kleineren Händen ausgerüstet, sich mit viel zu großen Kugeln (nämlich den abgelegten ihres Mannes) abmühen und mit dem unzureichenden Spielgerät eben nur Unzureichendes zustande bringen. Das Erste und Wichtigste, was es beim Kugelkauf zu beachten gilt, ist der Durchmesser. Welche Kugel für welche Hand geeignet ist, lässt sich durch die Länge des Abstandes von der ersten Handwurzellinie bis zur Spitze des Mittelfingers der rechten (beim Linkshänder der linken) Hand ausrechnen (siehe Skizze und Tabelle). Die besseren Kugelhändler haben außerdem eine Schablone, in die man seine Spielhand legt und dann ganz bequem ablesen kann, welche Kugelgröße die Richtige ist.

Ist das grobe Verhältnis zwischen Hand-und Kugelgröße abgeklärt, dann spielen die Nuancen eine Rolle. Schiesser spielen meistens mit größeren Kugeln, weil sie damit besser treffen können. Manchmal entscheidet eben ein Millimeter, ob das gegnerische Eisen weggeschubst wird oder nicht. Leicht sollte die Kugel sein, dass der Arm des Tireurs nicht so schnell ermüdet. Leger bevorzugen kleinere Kugeln, weil diese weniger gut getroffen werden. Aber nicht nur deswegen. Der kleineren Kugel kann der Spieler besser einen Effet mitgeben, kann den Rückdrall leichter steuern. Und da der Leger nicht nur kleinere, sondern auch schwerere (immer im Verhältnis zur Handgröße) Kugeln bevorzugt, erhöht er damit das spezifische Gewicht seines Eisens. Das heißt, es kommt verhältnismäßig mehr Masse auf dem Boden auf, der Lauf der Kugel wird dadurch stabiler.

Kommen wir noch auf den Härtegrad und seinen Einfluss auf das Spielverhalten der Kugel zu sprechen. Ein weiches Eisen absorbiert etwas mehr der Energie des Aufpralls als ein hartes. Ein Effekt, der dem Schiesser zugute kommt, weil dann seine Kugel nach dem Treffer nicht so weit weg springt. Genau das umgekehrte will der Leger. Also bevorzugt er harte Kugeln. Allerdings gilt diese Regel nicht uneingeschränkt. Denn eine weiche Kugel dämpft ebenfalls den Aufprall auf einem harten Boden, und lässt sich so besser ans Ziel bringen.

Die passende Kugelgröße zur Hand

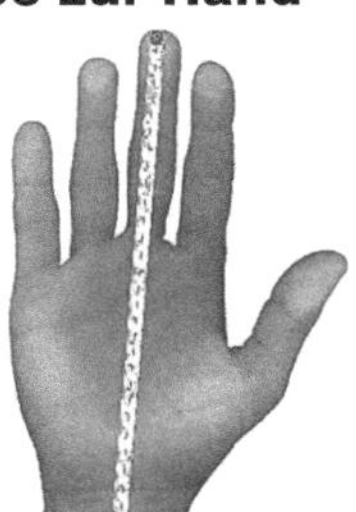

Abbildung 4: Messen Sie den Abstand zwischen der Handwurzel bis zur Spitze des Mittelfingers. Orientieren Sie sich dann an den Angaben der Tabelle.

Handlinie	Leger	Schiesser
14 cm	71 mm	71-72 mm
15 cm	71 mm	72 mm
16 cm	72 mm	72-73 mm
17 cm	72-73 mm	73-74 mm
18 cm	73 mm	74 mm
19 cm	74 mm	74-75 mm
20 cm	74-75 mm	75-76 mm
21 cm	75 mm	76-77 mm
22 cm	76 mm	78 mm
23 cm	77 mm	79 mm
24 cm	77-78 mm	79 mm
25 cm	78 mm	80 mm

Hier ließe sich noch einiges über die Beschaffenheit des Spielmaterials und dessen Einfluss auf das Geschehen sagen. Aber wird ein Fußballspieler durch den Fußballschuh zum genialen Mittelfeldregisseur? Mir fällt auf, dass in Frankreich viel weniger über die Kugelbeschaffenheit diskutiert wird als in Deutschland. Und auch hierzulande kämen die guten Spieler nicht auf die Idee, dass ein geglückter Wurf etwa der Kugel und nicht ihrem Arm zu verdanken sei. Wer schlecht spielt, sollte das nicht auf die Kugeln schieben. Aber es mag sein, dass die perfekte Kugel zu einer gelungenen Aktion beiträgt. Zu wieviel Prozent? Eine unbeantwortbare und überflüssige Frage. Wenn Gewicht und Durchmesser im Verhältnis zur Handgröße einigermaßen stimmen, ist der Einfluss der anderen Kugeleigenschaften auf das Spielgeschehen gering.

Trotzdem spielt die Kugel eine zentrale Rolle, und der Boulespieler schwört auf „sein" Material. Denn jenseits der technischen Daten sollten wir die Psychologie der Kugel nicht unterschätzen. Um es einfach auszudrücken: Wir müssen sie mögen, um gut zu spielen; wir müssen überzeugt sein, dass wir mit „unseren" Kugeln das Optimale herausholen. Ein klein wenig Fetischismus ist in diesem Fall erlaubt. Wahrscheinlich ist das der Grund, warum leidenschaftliche Pétanqueure viel mehr Kugeln „verbrauchen" als es die Materialermüdung, die es bei extensivem Spiel natürlich auch gibt, nahe legen würde. Schon so mancher hoffnungsvolle Turnierspieler hat am Abend des Wettkampftages verzweifelt seine Kugeln im Meer versenkt oder auf den Misthaufen geschmissen. Sie haben ihn „im Stich gelassen", jammert er, er kann kein „Vertrauen" mehr zu ihnen haben. Klar, dann müssen neue her!

Wenn wir unsere Kugeln lieben sollen, dann ist es nicht egal, aus was sie geschmiedet sind. Die Eigenschaften des Metalls sollten der Hand schmeicheln. Der eine liebt es extravagant und benutzt Kugeln aus einer Bronzelegierung. Das sieht golden aus, ist selten und teuer, außerdem klingen die Dinger glockenhell beim Zusammenstoß mit anderen Kugeln. Stört Rost? Dann sollten wir auf jeden Fall auf einen Stahl zurückgreifen, der rostfrei bleibt. „Inox" heißen solche Kugeln und sind ein klein wenig teurer. Die meisten anderen sind aus Kohlenstoffstahl und rosten leicht. Für viele Kugelfreunde ist das eine gewünschte Eigenschaft, denn sie verleiht der Kugel mit der Zeit eine Patina. Außerdem setzt das Eisen nur dann wirklich Rost an, wenn es eine Zeit lang ungenutzt herum liegt. Ansonsten oxidiert das Metall nur ein wenig und nimmt eine dunklere Farbe an. Gerade Kugeln aus Carbonstahl entwickeln sich sehr individuell, je nach der Handfeuchte des Besitzers. Bei trockenen Händen werden oder bleiben sie silbern und hell, ist das Handklima feuchter, dunkeln die Kugeln nach. So sehen Boules der gleichen Sorte je nach Spieler sehr verschieden aus. Das fördert natürlich die individuelle Beziehung zu den Kugeln.

Es gibt nicht wenige Boulespieler, die über die Faszination, die von den Metallkugeln ausgehen, zum eigentlichen Spiel gekommen sind. Doch welches konkrete Metall diesen Eindruck erzeugt, ist sehr subjektiv. Daher sollten wir beim Kugelkauf auf die Wirkung achten, die das Eisen auf uns ausübt. Wer noch keine Erfahrung mit den verschiedenen Kugelsorten hat, sollte daher nie eine Kugel kaufen, ohne sie vorher in der Hand gehalten zu haben.

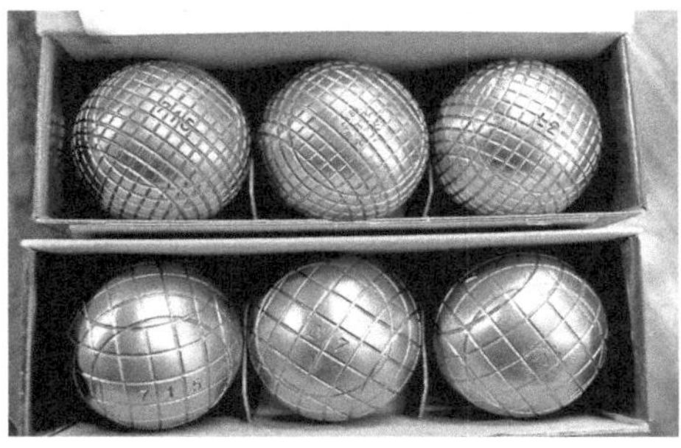

Abbildung 5: Die Kugeln müssen nicht glatt sein. Die Hersteller bieten viele verschiedene Muster an. So werden die Kugeln individueller und lassen sich besser auseinander halten.

Ein weiteres Kriterium bei der Kugelauswahl ist die Bearbeitung der Oberfläche, die Riffelung. Jede Kugelmarke gibt es in mehrfacher Ausfertigung, glatt oder mit verschiedenen Mustern. Für Einsteiger ist es oft von Vorteil, eine Musterung zu wählen. Einfach deshalb, weil man die Kugel leichter wiedererkennt. Manche glauben auch, dass die Kreise, Rillen oder Streifen ähnlich wie das Profil eines Reifens eine bessere Bodenführung gewährleisten würden. Man sollte sich davon allerdings nicht zu viel versprechen. Ein Steinchen könnte sich ja gerade in einer dieser Rillen verheddern und den Lauf in die ungewünschte Richtung verändern. Ein ernsteres Argument für ein Muster ist die Griffigkeit. Manchem ist die glatte Kugel zu glitschig, die gemusterte hält er dagegen gut in der Hand. Bisweilen ist das Muster so stark geriffelt, dass sich tatsächlich die Eigenschaft der Kugel verändert. „Waffeleisen" nennt man die extrem geriffelten Boules. Manche Leger schwören darauf und glauben, dass sie damit in schwerem Gelände Vorteile hätten. Wie immer ist auch das subjektiv, denn der vermeintliche Vorteil bei nassem und weichem Geläuf wird durch Nachteile bei anderen Untergründen wieder wettgemacht.

Wir können es drehen und wenden wie wir wollen. Obwohl die Kugel aus unbestechlichem Metall ist, gibt es keine objektiven Kriterien für „gute Kugeln". Vorausgesetzt wir sprechen von Wettkampfkugeln, die sich innerhalb der vorgegebenen Normen bewegen. Es ist immer die Kugel die beste, mit der der Spieler am liebsten ins Match geht. Der eine spielt immer mit der neusten Entwicklung, die der Markt gerade bereithält und wird dadurch tatsächlich besser. Der andere benutzt ausschließlich die immer gleichen, altmodischen Boules -und ist dadurch ebenfalls besser als mit allen anderen. Die Auswahl der Kugeln ist also eigentlich einfach, und trotzdem kann daraus eine Geheimwissenschaft werden.

2. Nützliche Boule-Utensilien

Wir haben schon betont, dass Boulespielen eine von der Ausrüstung her bescheidene Tätigkeit ist. Mit den Kugeln ist die Grundausrüstung auch schon perfekt. Was man aber immer dabei haben sollte, ist ein Lappen, um die Kugeln von Schmutz oder Staub zu befreien. Ein Lappen, wie er in jeder Küche ohne weiteres aufzutreiben ist. Natürlich kann man auch ein Boule-Tuch kaufen. Die Ausrüsterfirmen halten selbstverständlich Original Boule-Tücher bereit. Manche Spieler benutzen ein Stück weiches Leder, andere ein ganzes Handtuch, der Fantasie sind keine Grenzen gesetzt.

Einen Lappen hat fast jeder dabei, eine Ziel kugel („Sau" oder „Schweinchen" genannt) nicht unbedingt. Diese nachlässigen Zeitgenossen verlassen sich darauf, dass der Teamkollege oder der Gegner schon eine haben werde. Wir sind natürlich nicht so ignorant und haben in der Hosentasche immer eines der bunten Holzkügelchen stecken. Die Regel schreibt vor, dass die Sau einen Durchmesser zwischen 2,5 und 3,5 Zentimeter haben muss. Für so kleine Kugeln ist das ein erheblicher Unterschied. Und es ist nicht gleich, ob ich mit einer kleinen oder einer großen Sau spiele. Denn Pétanque ist ein Spiel mit einem beweglichen Ziel. Es ist klar, dass ich eine große Sau leichter bewegen kann, als eine kleine (weiteres dazu später bei den „Regeln" und im Kapitel „Taktik"). Außerdem schreiben die Spielregeln vor, dass die Sau aus Holz sein muss. Plastiksäue sind nur ausnahmsweise zugelassen, wenn sie ein Herstellerlogo tragen, das bezeugt, dass sie vom Weltverband zugelassen sind. Diese Einschränkung ist sehr sinnvoll, denn ansonsten hätten wir viele verschiedene synthetische Säue, die wie Flöhe durchs Spiel springen würden.

Ein weiterer Ausrüstungsgegenstand, den die Regel vorschreibt, den man aber als Einzelspieler nicht unbedingt haben muss, ist ein Messgerät. Jede Mannschaft, so die Vorschrift, muss im Besitz eines solchen Gerätes sein. In der Praxis wird das nicht so ernst genommen. Aber sinnvoll ist es allemal, wenn wenigstens eine der beiden Mannschaften etwas zum Messen dabei hat. Denn während einer Partie ergeben sich natürlich immer wieder strittige Situationen, die schnell mit einem Maßband entschieden werden können. Für das Messen gibt es eine ganze Bandbreite von Geräten, die teilweise extra für die Belange des Boulespiels hergestellt werden. Herausragend und für Schiedsrichter unverzichtbar ist das Tirette. Das ist ein kleiner Zollstock, meist aus Metall, an dessen Ende eine herausziehbare Zunge angebracht ist. Damit lassen sich auch sehr enge, je nach Geschicklichkeit bis zu Zentelmillimeter kleine Abstände erkennen. Für den

Boulealltag reicht ein einfaches Maßband, wie man es in jedem Baumarkt kaufen kann, völlig aus. Es gibt natürlich auch spezielle Boule-Messbänder, die zusätzlich mit einem kleinen Zirkel für schwierige Fälle und einem Spielstandszähler ausgerüstet sind. Die Erfindungsgabe der Ausrüster ist unbegrenzt, und sie entwickeln immer wieder neue, mehr oder weniger sinnvolle Geräte, um den Abstand der Kugeln von der Sau zu messen.

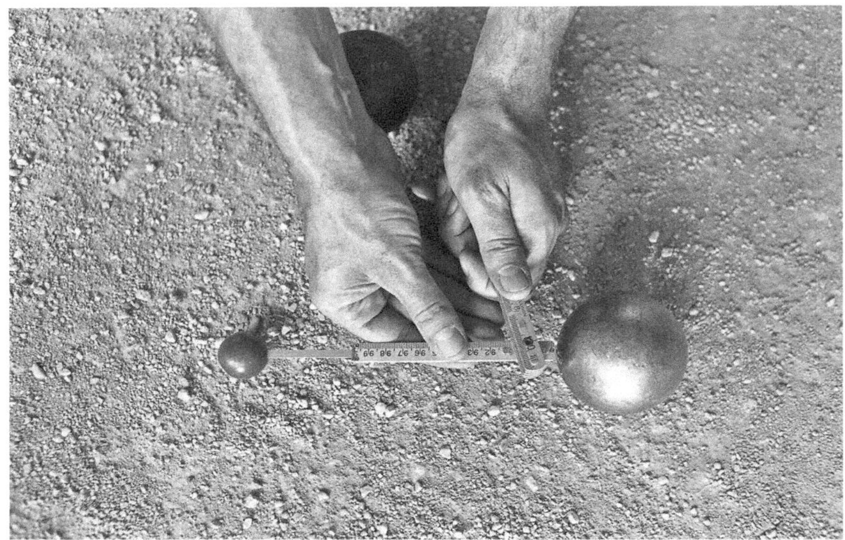

Abbildung 6: Bei schwierigen Messfällen hilft ein Tirette, das noch sehr feine Unterschiede mit einem speziell ausziehbaren Stift zeigen kann.

Wer Probleme mit den Knien hat oder sich überhaupt schwer tut mit dem Bücken, der sollte sich einen Magneten am Band zulegen. Den gibt es schon für wenig Geld, und damit lassen sich die Kugeln bequem im Stand aufheben, vorausgesetzt der Magnet ist stark genug, um die Kugel zu halten. Ein nützliches Utensil für Vergessliche ist der Spielstandanzeiger im Taschenformat. Nach jeder Aufnahme stellt man die Punkte ein, und weiß so immer, wie es steht. Das ist manchmal ganz nützlich, wenn es Streit über den Punktestand gibt. Ob man allerdings einen Edelstahlstift am Lederband braucht, mit dem man einen regelgerechten Kreis am Boden ziehen kann, muss jeder selbst wissen. Vielleicht als kleines Geschenk an einen Boule-Kumpanen?

Die Kugeln könnten wir in den Lappen wickeln und hätten dann schon einen Kugelbehälter. Aber das wäre doch zu bescheiden und ist außerdem recht unpraktisch. Besser wir verwenden eine alte Handtasche oder ein Futteral von einem Fernglas oder irgendetwas anderes, das wir auf dem Dachboden unter Großvaters Sachen gefunden haben und das sich irgendwie nutzen lässt. Natürlich gibt es auch professionelle Boule-Taschen und Boule-Koffer zu kaufen, keine Frage. Die noch bescheidene BouleIndustrie lässt uns nicht im Stich. Es gibt alles boule-konform: Schuhe, TShirts, Polohemden, Regenjacken, Mützen und so weiter. Wir können uns aber auch einfach nur bequem anziehen, sollten lediglich darauf achten, dass die Arme nicht durch ein zu enges Hemd oder eine Jacke gebremst werden. Wer an einem Turnier teilnimmt, tut gut daran, bei der Auswahl des Schuhwerks daran zu denken, dass er womöglich stundenlang stehen muss.

3. Der Bouleplatz

Im Gegensatz zu den Kugeln, die strengen Reglements unterworfen sind, gibt es keine Bestimmungen für die Beschaffenheit des Bodens, auf dem wir unserem Spiel nachgehen. Klar und lapidar heißt es in Artikel Fünf des Regelwerks des Deutschen Pétanque-Verbandes: „Pétanque wird auf jedem Boden gespielt." Punkt. Das ist so wahr wie es falsch ist. Denn natürlich gibt es auch Terrains, auf denen es sinnlos wäre, die Kugeln zu werfen. Tiefer Sandboden am Strand, zum Beispiel. Die Kugel würde sich dort vergraben, wo sie hingeworfen wurde. Ein Spiel wird so kaum zustande kommen. Am Sandstrand Boule zu spielen ist in etwa so sinnvoll, wie ein Tennismatch im Schlamm. Allerdings wäre es von den Regeln her nicht verboten. Man macht es einfach nicht. Ähnliches ist von Rasen zu sagen. Rasen oder tiefer Sand verhindern ein vernünftiges Spiel wegen zu großer Einfachheit oder im wahrsten Sinn des Wortes: Plumpheit. Andere Böden machen es zu schwer. Asphalt etwa. Hier wird die Kugel kaum zu bremsen sein und meterweit übers Ziel hinausrollen. Wer sich allerdings in Südfrankreich schon mal umgesehen hat, der dürfte gesehen haben, wie es in Dorfturnieren immer wieder vorkommt, dass sich Mannschaften auf der asphaltierten Straße gegenüber stehen. Oder ein geteerter Parkplatz wird unversehens zum Bouleplatz (ein Natur belassener sowieso). Hier wird die Regel „auf jedem Boden" durchaus ernst genommen, und die Matadore legen eine unglaubliche Geschicklichkeit an den Tag, selbst bei „unmöglichem Terrain" ihre Kugeln zu platzieren. Doch im Regelfall spielt keiner Boule auf asphaltiertem oder geteertem Untergrund. Wenn dieser Boden brüchig geworden ist, schon eher.

Der Sinn der Regel „auf jedem Boden" ist allerdings eindeutig. Anders als etwa bei Boccia oder anderen Kugelspielen, ist bei Pétanque der Boden nicht normiert. Es gibt im engeren Sinn keinen „Pétanque-Boden". Der gute Billard-Spieler weigert sich zu Recht, auf einem schiefen Tisch anzutreten, ein Fußballprofi wird kaum auf einem Hartplatz auflaufen und von einem Formel-1-Rennfahrer können wir nicht erwarten, dass er auf einer unbefestigten Piste Gas gibt. Bei deren Sportarten gehört ein normierter Untergrund zum festen Bestandteil, der -je anspruchsvoller das Niveau wird, desto genauer -möglichst immer die gleichen Bedingungen gewährleisten soll. In unserem Spiel ist das völlig anders. Der Boden gehört zu den variablen Bedingungen wie etwa das Wetter oder der Gegner, der ja auch immer anders ist. Das Boulespiel ist in dieser Hinsicht, aber nur in dieser, dem Golf vergleichbar, es findet weniger **auf** einem Boden, sondern viel mehr mit einem Boden statt. Auch wenn der Anfänger das selten auf Anhieb schätzt, die Unregelmäßigkeiten des Untergrunds beim Boulespiel sind nicht die geringsten Reize dieses Sports.

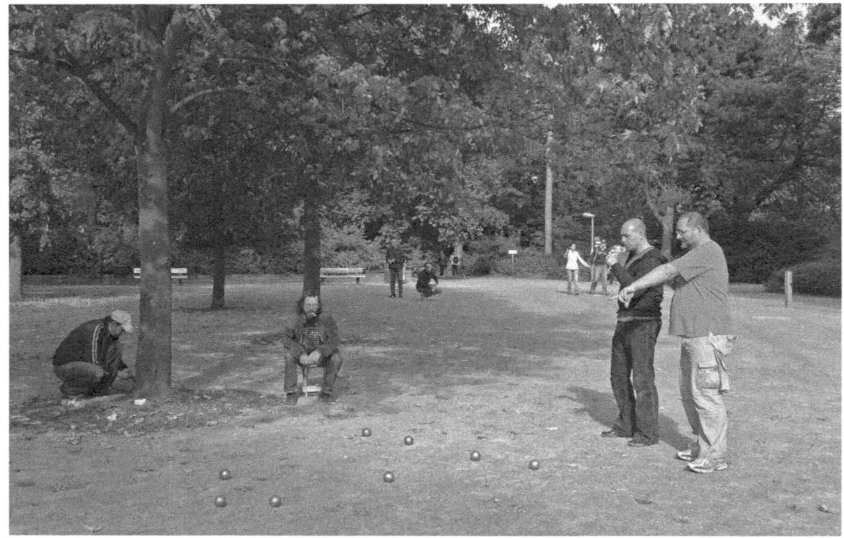

Abbildung 7: Boule spielen kann man (fast) auf jedem Terrain.

Im Park

Für den Boule-Alltag hat die Zufälligkeit des Bodens eine sehr angenehme und praktische Konsequenz. Wir müssen keinen Boule-Boden herstellen, wir finden ihn vor. Terrains, auf denen man Pétanque spielen kann, existieren so gut wie in jeder Stadt, und sie sind immer öffentlich zugänglich. Der steinige, mehr oder weniger grobe Boden der Parkwege oder Plätze ist der natürliche Untergrund für das Boulespiel. Daher sind die Parks und öffentlichen Plätze die Keimzelle unseres Sports. Die ersten Gruppen und Spielgemeinschaften nannten sich dann auch nach den Plätzen, auf denen sie sich trafen. „Schillerwiese" zum Beispiel in Essen, oder „Kniebrücke" in Düsseldorf. Auch wenn die Vereine heute andere, sportlichere oder origineller klingende Namen tragen, man trifft die Spieler immer noch an den charakteristischen Stätten: Im Schrevenpark in Kiel, in Hamburg vor dem Altonaer Museum oder im Stadtpark, am Paul-Linke-Ufer in BerlinKreuzberg und auf dem Mittelstreifen der Schlossallee in BerlinCharlottenburg, auf der Frankfurter Zeppelinallee oder im Hofgarten in München.

Einen Nachteil hat das Spielen auf öffentlichen Plätzen allerdings. Der Kugelfreund ist seinen natürlichen Feinden, den Hunden und kleinen Kindern, hilflos ausgeliefert. Im privaten Leben ist der Pétanqueur natürlich Kinderfreund, doch wenn die Brut fremder Leute völlig ungehindert nach den Kugeln am Boden grapscht, ist das während des Spiels nicht nur gefährlich, sondern kann das mühsam aufgebaute Kugelbild zerstören. Und nicht gerade selten finden die Eltern dieser kleinen Störenfriede deren Treiben nur putzig. Den Ernst des Spiels begreifen sie nicht, sondern finden es beinahe schon eine Zumutung, wenn der Boulespieler auf der Herausgabe seiner Kugel besteht. Wenn das Kind dann plärrt, soll er auch noch ein schlechtes Gewissen haben. Noch schlimmer sind freilich die Hunde. Gerade die netteren Exemplare sind der festen Überzeugung, wenn einer etwas wirft, muss der brave Hund es postwendend zurück bringen. Doch selbst wenn der parkerprobte Spieler gelernt hat, damit und mit anderen Hundeattacken fertig zu werden, bleiben immer noch die Bomben, die die Köter zurück lassen, und die immer noch stinken, selbst wenn weit und breit kein Vierbeiner mehr zu sehen ist. Wie oft schon hat einer seine Kugel unter einem Baum oder Busch aufgehoben und dabei das Gesicht vor Ekel verzogen.

Wer das Terrain vor Spielbeginn genau unter die Lupe nimmt und beim Schießen und Legen entsprechende Vorkehrungen trifft, erspart sich manch unangenehme Überraschung.

Das Boulodrôme

Anders als in Frankreich, wo Pétanque in jedem Dorf gespielt wird, war Boule hierzulande lange eine exklusive Beschäftigung für Großstädter. Das hat sich allerdings seit einiger Zeit geändert. Je mehr wir uns dem Südwesten Deutschlands (und damit Frankreich) nähern, desto eifriger spielt die Provinz. Und sie spielt nicht schlecht. Meist organisieren sich die Boulespieler dort in den dörflichen oder städtischen Sportvereinen, sie bilden dann eine der Abteilungen neben Fußball, Handball oder Leichtathletik. Dem sportlichen Charakter des Spiels kommt das sicher zu Gute, das Ambiente allerdings leidet oft genug darunter. (Das ist natürlich nur aus der Sicht des Großstädters so.)

Paradoxerweise verlagert sich das Geschehen, je weiter wir uns von der Großstadt entfernen aus dem öffentlichen Park in das künstlich angelegte Boulodrôme. So nennen wir den extra für unseren Sport angelegten Platz. Das liegt wohl daran, dass auf dem Land öffentliche Parks rar, dafür aber private Territorien für Vereine oder Spielgemeinschaften leichter aufzutreiben sind. Aber aus den oben genannten Gründen gibt es auch in den größeren Städten immer häufiger künstliche Bouleplätze. Bisweilen gibt sich die Kommunalpolitik großzügig und spendiert „eine Bahn". Dann sollten die Boulespieler aufpassen und sich einmischen. Am besten sie werden im Vorfeld tätig. Denn meistens haben die Stadtgärtner keine Ahnung, wie ein Bouleplatz funktioniert und wie er deshalb angelegt werden sollte. Fast immer muss für den Platz viel weniger „gemacht" werden als die Gemeinderäte denken. In den meisten Fällen muss nicht viel präpariert werden. Ein Gespräch mit den zuständigen Stellen kann dabei viel klären.

Wer ein Boulodrôme bauen möchte, sucht am besten nach einem verlassenen Tennisplatz. Auch ein alter Hart-oder Bolzplatz, auf dem sich zuvor Fußballer abgemüht haben, ist ideal. Rotascheplätze eignen sich hervorragend als Unterlage. Darauf muss nur noch eine Schicht feinkörnigen Splitts aufgebracht werden, fertig ist der Bouleplatz. Rund um einen Sportplatz finden sich oft ausrangierte Sprintstrecken, Hoch-und Weitsprunganlagen oder ähnliches, die mit ein paar Handgriffen umgewidmet werden können. Ein wenig Fantasie bei dem Blick auf den Boden und es lassen sich ungeahnte Terrains erschließen. Wer jedoch den Platz neu anlegen muss, sollte nicht nachlässig sein. Der Boden ist das wichtigste Element des Spiels. Wird er von vornherein verpfuscht, werden die Boulespieler keine Freude an ihm haben. Wie aus einem Rasenstück ein Bouleplatz wird, ist eine kleine Wissenschaft für sich. Ein guter Boden, der lange halten soll, muss gebacken werden wie Brot. Er besteht aus mehreren Schichten, und zu Beginn muss er immer wieder gewalzt und gewässert werden. Ganz wichtig: Auch wenn es verlockend ist, auf dem frischen Boden darf nicht gespielt werden. Es dauert zwei bis drei Wochen, bis er sich gefestigt hat; erst danach ist er einsatzfähig. Am besten, man sucht in seinem Bekanntenkreis nach einem Gartenarchitekten, der weiß, wie Parkwege angelegt werden. Daran kann man sich orientieren. Der Deutsche Pétanque Verband hält auf seiner Website eine kleine Anleitung parat, wie man beim Bau eines Boulodrômes vorgehen könnte (Adresse siehe Anhang).

Ein Verein, der ein Boulodrôme baut, zeigt, dass er sportliche Ambitionen mit Pétanque verfolgt. Meistens teilt er daher das Terrain in verschiedene Bahnen ein und simuliert damit Wettkampfbedingungen. Denn bei den meisten großen Turnieren und bei allen Deutschen Meisterschaften spielen die Mannschaften in eingegrenzten Spielfeldern. Anders ließe sich der Wettbewerb kaum organisieren. Eigentlich müssen diese Felder vier Meter mal 15 Meter groß sein. Allerdings hat kaum ein Verein soviel Platz, um diese Regel einzuhalten. Sie wird daher auch nicht so genau genommen.

Wer viel Platz hat, kann nicht nur die Spielfelder größer machen, sondern außerdem verschiedene Böden anlegen. Etwa glatt und hart in der einen Ecke, weich und mit großen Steinen versetzt in der anderen. Der Vorteil liegt auf der Hand. Durch den verschiedenen Untergrund lernt das Vereinsmitglied schon auf heimischem Terrain, mit verschiedenen Böden umzugehen. Die Überraschung bei einem Auswärtsmatch mit oft völlig anderen äußeren Bedingungen ist dann nicht mehr so groß.

Die Boulehalle

Im Allgemeinen findet das Boulespiel im Freien statt. Selbst im Winter scheuen sich die strammsten Jünger nicht, ihre Kugeln in den kalten Schnee zu werfen. Allerdings sinkt mit den Außentemperaturen der Reiz des Spiels überproportional. Es wundert also nicht, dass aus unserem Outdoor- Spiel vor allem in den kalten Ländern auch ein Indoor-Vergnügen wurde. In den vergangenen Jahren entstanden übers ganze Land verteilt Boulehallen. Fast immer sind es irgendwie improvisierte Einrichtungen, die von engagierten Boulespielern betrieben werden. Kommerziell lohnen sie sich nicht. Für die Sportler unter den Boulisten sind sie jedoch unverzichtbar geworden. Wie sollten sie sonst über den Winter hinweg ihre Form halten? Außerdem bieten die Hallen eine rege Turnier-Kultur. So mancher Pétanqueur ist im Winter mehr beschäftigt als im Sommer.

Aber die Hallen stehen ebenfalls für den Hobbyspieler offen. Das regelmäßige Spielen in einer Halle hat schon viele in dem Sport weit nach vorne gebracht. Wer nach der Wintersaison wieder nach draußen kommt, erlebt Pétanque oft ganz neu. Eine aktuelle Liste der Boulehallen mit Öffnungszeiten und Eintrittspreisen findet man ebenfalls auf der Website des Deutschen Pétanque Verbandes. Ein Blick darauf könnte sich lohnen. Vielleicht finden Sie ja eine Halle in Ihrer Nähe, dann steht auch im Winter einem Spiel im Warmen und Trockenen nichts im Wege.

4. Die Regeln in Kürze

Fast immer geht es ohne Schiedsrichter

Je mehr sich Pétanque dem Spitzensport nähert, desto häufiger taucht ein Schiedsrichter auf dem Gelände auf. Doch selbst bei großen Turnieren, zum Beispiel Deutschen Meisterschaften, bei denen zu Beginn 64 Partien gleichzeitig gespielt werden, sind nur ein paar Arbitres, wie sie im Französischen heißen, im Einsatz. Denn selbst auf hohem Niveau kommt eine Boule-Partie im Grundsatz ohne Schiedsrichter aus. Es gilt das Prinzip, dass sich die beiden Teams gegenseitig verständigen und mit Hilfe der Regeln einigen. Der Schiedsrichter wird

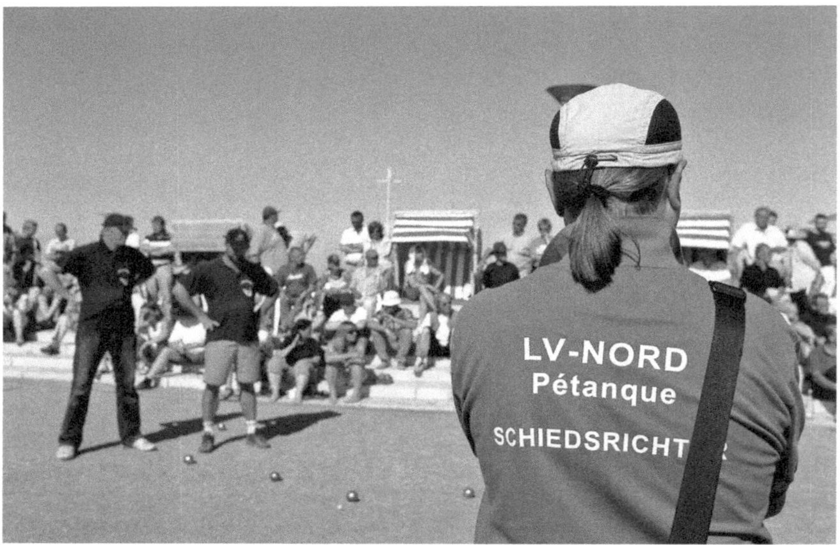

Abbildung 8: Schiedsrichter sind im Pétanque die Ausnahme. Bei nationalen Meisterschaften sind sie zwar im Einsatz. Im Allgemeinen kommen die Mannschaften aber ohne Referee aus.

nur im Zweifelsfall herbei gerufen und zu Rate gezogen. Im Allgemeinen greift er nicht von sich aus ins Spielgeschehen ein. Wenn er allerdings herbeigerufen wird, gilt sein Wort. Nur wenn sich Teams als Streithansel erweisen und sich gegenseitig misstrauen, stellt sich bei offiziellen Turnieren ein Schiedsrichter dazu und passt auf, dass die

Regeln nicht verletzt werden. Außerdem überwachen neuerdings die Unparteiischen, dass Vorgaben des Verbandes eingehalten werden. So ist es zum Beispiel den Spielern nicht erlaubt, während einer Partie zu rauchen oder Alkohol zu trinken, und sie müssen angemessen angezogen sein (nicht barfuss und nicht mit nacktem Oberkörper). Auf offiziellen Turnieren greifen die Schiedsrichter bei Regelverstößen selbst dann ein, wenn der Gegner sie duldet. Zum Beispiel, wenn ein Spieler das Terrain mit dem Fuß präpariert oder falsch im Kreis steht.

Der Boule-Alltag aber, selbst im sportlichen Betrieb, kennt nur selten Schiedsrichter. Dass trotzdem mit Ehrgeiz und Leidenschaft gespielt wird, setzt zweierlei voraus: die grundlegende Kenntnis der Regeln und einen zivilisierten Umgang mit einander. Eine der schönen Besonderheiten des Boule-Spielens ist, dass zumindest das Letztere häufig der Fall, und das Erstere nicht schwer zu erlernen ist.

Die Mannschaftsformationen

Pétanque ist grundsätzlich ein Mannschaftssport. Die Formationen variieren jedoch. Die Krone des Pétanque ist die Disziplin, in der zwei Dreierformationen aufeinander treffen. Diese Mannschaftsform nennt man **Triplette**. Hier spielen drei Spieler gegen drei Spieler, jeder verfügt über zwei Kugeln. Nur in dieser Disziplin werden Weltmeisterschaften ausgetragen. **Doublette** heißt die andere populäre Disziplin. Hier spielen zwei gegen zwei mit jeweils drei Kugeln (daher besteht ein Satz immer aus drei Kugeln). Weniger populär, aber als Disziplin von den Regeln her zugelassen, ist das **Tête-à-Tête**, ein Spieler gegen einen anderen, ein Einzel also. Es lassen sich natürlich auch noch andere Formationen denken, vier gegen vier, zwei gegen drei, einer gegen zwei (mit sechs gegen zwei mal drei Kugeln) und so weiter. Allerdings sind sie in den Regeln nicht vorgesehen und machen auch weniger Spaß. Diese Spielarten verhalten sich zum Boule-Spiel in etwa so wie man auch auf ein einzelnes Tor Fußball spielen kann. Man macht das eben ab und an, weil nicht genügend Leute da sind, um ein richtiges Spiel auf die Beine zu stellen.

Der Spieler einer Mannschaft darf nur seine Kugeln spielen. Jeder Spieler ist pro Durchgang (man nennt das auch „Aufnahme") im Triplette also zweimal, im Doublette dreimal an der Reihe. Es steht der Mannschaft jedoch frei, welchen Spieler sie, wenn sie am Zuge ist, die Kugel werfen lässt. In den Mannschaften herrscht normalerweise eine Art Arbeitsteilung, etwa so wie es im Fußball Stürmer und Verteidiger gibt. Einer spielt den Leger, das heißt er platziert die Kugel und ist daher an der Reihe, wenn dieser Spielzug gefragt ist. Der andere ist der Schiesser, der mit seinen Kugeln bevorzugt die gut platzierten des Gegners wegkickt. Diese Arbeitsteilung in den Mannschaften ist von den Regeln nicht vorgeschrieben, sie ergibt sich aus der Logik des Spiels und ist eine diffizile Angelegenheit. Näheres dazu erfahren wir später in dem Kapitel „Taktik".

Das Spielfeld

Ein Charakteristikum unseres Spiels ist das bewegliche Ziel. Aber nicht nur das, auch der Kreis, also der Ort, von dem aus gespielt wird, ist flexibel. Daraus ergibt sich, dass das gesamte Spielfeld immer wieder neu entsteht, und nie ist es zweimal hintereinander das gleiche. Denn der Kreis, so die Regel, sollte stets dort neu gezogen werden, wo vorher die Sau lag. Der Ausgangspunkt des neuen Spielfelds ist also der Zielpunkt des alten. Das versteht sich nicht von selbst. In dem weitläufig verwandten Spiel Curling zum Beispiel, ist das Ziel, dort „Haus" genannt, immer das gleiche, und immer im gleichen Abstand zum Abwurf. Auch bekanntere Sportarten wie Fußball, Handball oder Tennis haben ein festes, vom Spielgeschehen unabhängiges Feld, innerhalb dessen die Aktion stattfindet. Ein Boulespiel dagegen kann durch die Landschaft wandern. Durch das Zeichnen des Kreises auf dem Boden definieren sich alle weiteren Bezugspunkte quasi virtuell.

Für das normale Spiel unter Erwachsenen gilt, dass die Sau in einem Abstand von mindestens sechs und höchstens zehn Metern vom Kreis in gültiges Gelände ausgeworfen werden muss. Bei Kinder-und Jugendturnieren gelten kürzere Distanzen. Im Zweifelsfall wird nachgemessen, und zwar von der Stelle am Rand des Kreises aus, die in Richtung Sau zeigt. Der Abstand von sechs bis zehn Metern ist eine erhebliche Bandbreite, und gute Spieler nutzen diese für taktische Manöver weidlich aus. Die Kreation des gedachten Spielfeldes durch das Ziehen des Kreises und das Werfen der Sau ist ein wesentlicher Bestandteil des Spiels und gehört zu dem Baukasten, aus dem sich die Taktik ergibt. Das zeigt sich schon daran, dass das Regelwerk der Mannschaft, die die Sau werfen darf, drei Versuche gestattet, diese regelgerecht auf den Boden zu bringen. Sie kann also versuchen, das Ziel möglichst nah an die Ränder zu verlagern. Auch der Ort des Kreises darf verlegt werden, wenn der eigentlich gebotene Standort (da, wo die Sau der vergangenen Aufnahme lag) es nicht erlauben würde, die Sau auf zehn Meter zu schmeißen (siehe „Sauwurf" unter ‚Die wichtigsten Regeln').

Ist die Sau regelgerecht geworfen worden, kann sich ihr Standort noch während einer Aufnahme durch gespielte Kugeln ändern. Ob die Sau

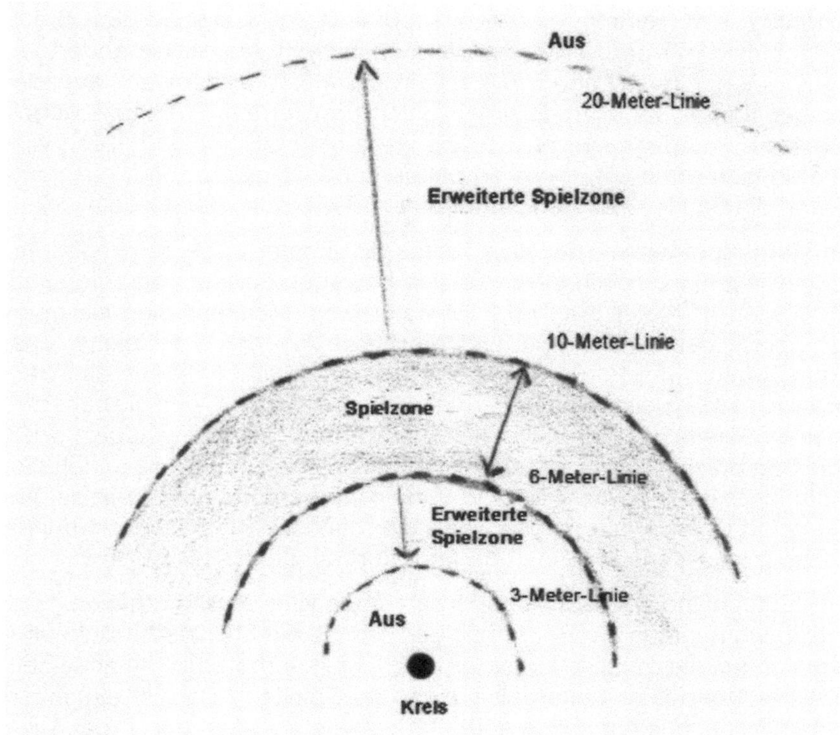

Abbildung 9: Das virtuelle Spielfeld. Die Stellung des Kreises konstituiert das Spielfeld. Die Linien sind gedacht und werden nur bei Bedarf nachgemessen. Die Sau muss in die Spielzone geworfen werden. Bewegt sie sich während der Aufnahme, gelten die Abmessungen der erweiterten Spielzone. Davor oder dahinter ist die Sau im Aus.

nun mit oder ohne Absicht bewegt wurde, ist egal; nun gelten neue Abstandsregeln. Jetzt heißt es nicht mehr ab sechs bis zehn, sondern ab drei bis 20 Meter Abstand, den die Sau vom Kreis haben darf. Jenseits dieser Spannen ist die Sau im Aus und damit ungültig geworden. Für Kugeln gelten diese Abstände nicht. Sie sind nur dann im Aus und ungültig, wenn sie auf „verbotenes Gelände" gelangen. Was „verbotenes Gelände" ist, wird vor Spielbeginn definiert. Bei „Terrain libre" (Spiel auf freiem Gelände) verständigen sich die Mannschaften untereinander oder ein Turnierausrichter schreibt vor, welches Gebiet nicht gelten soll. Meistens einigt man sich so: Sandkästen, Wiesen, Straßen und ähnliches bedeuten Aus, auch das Berühren von toten Gegenständen wie etwa eine Parkbank, eine Mauer, Wegbegrenzungen oder der Sockel einer Skulptur führen dazu, dass die Kugel oder die Sau ungültig wird. Kugeln, die davon abprallen, müssen aus dem Spiel genommen werden; alles, was sie nach dem Abprall veränderten, muss wieder in die Lage versetzt werden, wie es vorher war. Lebende Gegenstände, vor allem Bäume, zählen zum Terrain. Stößt eine Kugel oder die Sau dagegen, bleiben sie weiterhin im Spiel, und alles, was sie danach anrichtet, muss so bleiben und ist gültig. (Was passiert, wenn die Sau ins Aus geht, steht unter „Die wichtigsten Regeln ...“)

Im Turnierbetrieb werden den Teams fast immer abgegrenzte Felder zugewiesen, innerhalb derer sie sich bewegen dürfen. Im besten Fall sind sie vier Meter breit und 15 Meter lang. Meistens sind sie aber erheblich kleiner. Das schränkt die Flexibilität des Spielfeldes, das jedes Mal im Kopf neu entstehen muss, natürlich erheblich ein. Das Prinzip des virtuellen Spielfelds bleibt aber bestehen. Denn die benachbarten Spielfelder gelten als erlaubtes Terrain. Gelangen Kugeln oder die Sau dorthin, sind sie weiterhin gültig. In diesem Fall bittet man die Nachbarn um ein wenig Geduld und spielt die Aufnahme zu Ende. Im weiteren Spielverlauf müssen sich die Mannschaften wieder auf ihre Bahn zurückziehen, die Sau darf nur dort ausgeworfen werden.

In Deutschland hat sich eingebürgert, dass viele „cadre“ spielen. Das heißt, sie nehmen die Begrenzungen des Spielfeldes als Auslinie und spielen so, als ob alles außerhalb der Linien verbotenes Gelände sei. Die Nachbarfelder gelten also nicht als Spielfeld. Das ist einfacher und übersichtlicher, widerspricht aber dem Geist der Pétanque-Regeln. Der Deutsche Pétanque Verband versucht daher, gegen diese Gewohnheit vorzugehen. Auf seinen Turnieren oder anderen offiziellen ist daher „cadre“ expressis verbis untersagt. Und der Verband tut gut daran. Denn das Spiel auf begrenzten Feldern beengt die Kreativität beim Auswerfen der Sau und beim Kreieren des virtuellen Spielfeldes. Das „cardre“-Spielen reduziert die Vielfältigkeit des Pétanque und fördert nur die Denkfaulheit der Spieler.

Für den unbedarften Zuschauer sieht das Spielen auf den Wettkampfbahnen so aus, als ob die Mannschaften einfach rauf und runter, das heißt einmal in die eine und dann in die entgegengesetzte Richtung spielen würden. Tatsächlich aber entwerfen die Spieler durch den Ort, wo sie den Kreis ziehen und durch die Länge und Richtung des Sauwurfes immer wieder neue Platzverhältnisse. Sie platzieren die Sau einmal auf neun Meter, dann wieder deutlich kürzer, sie werfen sie quer über das Feld oder gerade an der Linie entlang. Gute Spieler denken genau nach, bevor sie die Sau werfen.

Der Spielablauf

Das Los entscheidet, wer das Spiel eröffnet. Die Mannschaft, die beginnen darf, sucht ein Terrain aus oder es wird ihr von der Turnierleitung zugewiesen. Dann zeichnet ein Spieler einen Kreis auf dem Boden, aus dem heraus die Sau und die Kugeln geworfen werden müssen. Die erste Kugel spielt einer aus der Mannschaft, die auch den Kreis bestimmt und die Sau geworfen hat. Es ist nicht nötig, dass der Spieler, der die Sau wirft, auch die erste Kugel ins Spiel bringt. Ist die erste Kugel gespielt, muß der Gegner die Kugel verbessern, das heißt, sein Eisen näher zur Sau legen als die gegnerische Kugel. Er kann auch versuchen, die erstplatzierte wegzuschießen. Es kommt nur auf das Ergebnis an. Gelingt das Verbessern nicht beim ersten Mal, muss die Mannschaft noch mal spielen, solange bis eine ihrer Kugeln besser liegt. Danach ist wieder die andere Mannschaft dran und so weiter. Erst wenn eine Mannschaft über keine Kugeln mehr verfügt, spielt die andere ihre verbliebenen nacheinander.

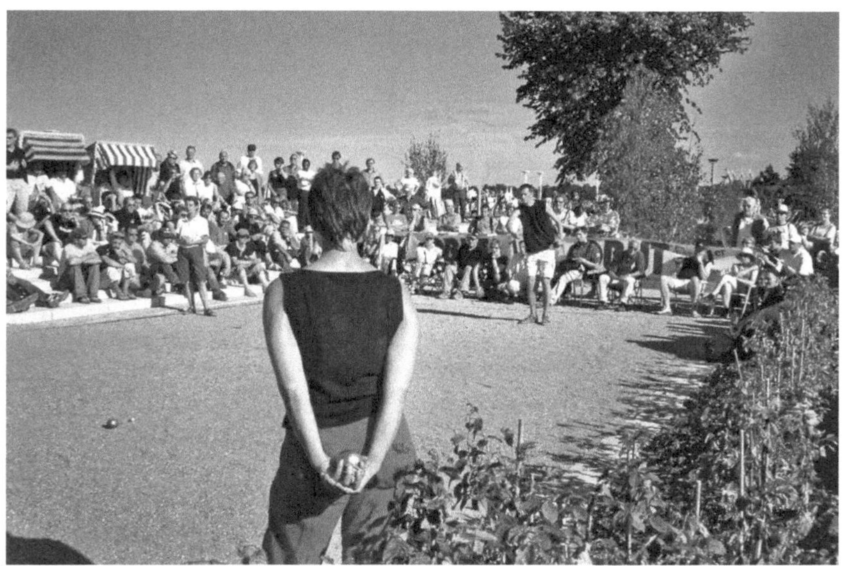

Abbildung 10: Das Spiel mit den Kugeln sieht gemütlich aus, ist aber kompromisslos. Ein Unentschieden gibt es nicht, nur Sieger oder Verlierer.

Haben alle Spieler ihre Kugeln gespielt, wird abgerechnet. In einer Aufnahme kann nur eine Mannschaft Punkte gewinnen. Gezählt werden alle Kugeln, die näher zum Ziel liegen als die bestplatzierte des Gegners. Im Triplette und Doublette sind pro Mannschaft sechs Kugeln im Spiel, sechs Punkte pro Aufnahme ist also die höchste Ausbeute, ein Punkt das mindeste. Die Mannschaft, die den Durchgang gewonnen hat, erwirbt damit das Recht, den nächsten zu beginnen. Ein Spiel dauert so lange, bis eine der Mannschaften 13 Punkte erreicht hat. Früher gab es eine Ausnahme: Das Endspiel der Weltmeisterschaft war erst mit dem 15. Punkt entschieden. Heute spielen auch die Weltmeister nur bis 13. Ein Unentschieden gibt es nicht, weder im WMFinale noch sonst in einer Partie. Pétanque ist ein kompromissloses Spiel, das immer einen Sieger und einen Verlierer kennt.

Eine zeitliche Begrenzung der Partie gibt es nicht. Bisweilen wird in Turnieren jedoch aus pragmatischen Gründen in den Vorrunden ein Zeitlimit (60 bis 90 Minuten) gesetzt oder es wird nur bis elf Punkte gespielt. Doch das sind die Ausnahmen. Denn eigentlich ist Langweilern und Langsamspielern ein Riegel vorgeschoben. Die Regeln setzen ein Zeitlimit für das Spielen einer Kugel. Sobald die vorhergehende Kugel zur Ruhe gekommen ist, muss innerhalb einer Minute die nächste gespielt werden. Mehr Zeit, um sich innerhalb der Mannschaft zu beraten oder sich den Boden noch mal genau anzuschauen, bleibt nicht. Ist die Lage der Kugeln nicht eindeutig, und es muss gemessen werden, gilt die Ein-Minuten-Regel erst ab dem Zeitpunkt, wo das Ergebnis feststeht und man weiß, welche Mannschaft an der Reihe ist.

Die wichtigsten Regeln im Einzelnen

Selbst ein so einfaches Spiel wie Pétanque wird natürlich im Detail kompliziert. Die offiziellen Regeln umfassen 39 Artikel, die sehr eng gedruckt zehn Seiten ergeben. Und selbst dann sind noch nicht alle Fälle abgedeckt. Immer wieder entsteht neuer Regelungsbedarf. Aber man muss nicht alle Regeln kennen, um mitzuspielen. Es reichen Grundzüge, und die Offenheit, bei Zweifelsfällen im Regelbuch nachzuschauen. Denn oft herrschen auf manchen Bouleplätzen eigene Regeln, die bisweilen von den offiziellen abweichen. Das ist nicht weiter schlimm, wenn es nicht zur Borniertheit führt. Denn wer auch außerhalb seines Sprengels die Kugel schwingen will, sollte die allgemeinen Regeln kennen und akzeptieren. Das Regelwerk lässt sich übers Internet beim Deutschen Pétanque Verband herunter laden. Die Regeln sind jedoch auch in einer kleinen Broschüre verfügbar. Gegen eine geringe Gebühr kann man sie bei der Geschäftsstelle des Verbandes bestellen (Adressen siehe Anhang).

Im Folgenden habe ich einige Fälle zusammengestellt, die immer wieder vorkommen und unter Boulern bisweilen zu Ratlosigkeit oder gar Streit führen. Wenn Sie sich die folgenden Regeln merken, sollten Sie für den Boulealltag bestens gerüstet sein.

Der Sauwurf. Wir wissen, wie wichtig der Sauwurf ist. Er bestimmt das Spielfeld. Regelgerecht sollte er so ablaufen: Die Mannschaft, die beginnt, wirft die Sau aus dem Kreis und legt anschließend eine Kugel vor. Bestehen nun Zweifel, ob die Sau regelgerecht liegt, kann die andere Mannschaft die Distanz der Sau vom Kreis nachmessen und gegebenenfalls reklamieren. Hat sie damit Erfolg, das heißt die Sau war entweder über zehn Meter vom Kreis entfernt oder näher als sechs Meter, wiederholt das anwerfende Team den Sauwurf. Es hat drei Versuche, die Sau regelgerecht ins Spiel zu bringen. Gelingt das nicht, ist die andere Mannschaft mit dem Sauwurf dran. Auch sie hat drei Versuche, doch das Recht, die erste Kugel zu spielen, bleibt bei der Mannschaft, die ursprünglich die Sau werfen durfte.

Hat die erste Mannschaft die Sau geworfen und eine Kugel gespielt, und die zweite Mannschaft hat ebenfalls eine Kugel gespielt, dann gilt der Sauwurf als regelgerecht und akzeptiert, auch wenn er nicht über sechs und unter zehn Meter liegt. Reklamationen sind danach nicht mehr erlaubt; es gelten nun die erweiterten Spielfeldbegrenzungen (drei bis 20 Meter).

Der Kreis. Die meisten Boulespieler ziehen den Kreis viel zu voluminös. Gerade Anfängern passiert das oft. Der Cercle, wie Franzosen sagen, sollte nur so groß sein, dass ein Spieler mit beiden Füssen bequem darin Platz hat. Zwischen 35 und 50 Zentimeter Durchmesser, so schreibt es die Regel vor.

Wichtiger als die Größe ist für das Spiel die Lage des Kreises. Zu Beginn darf die Mannschaft, die das Anspielrecht hat, den Kreis platzieren, wo sie will. Er muss lediglich einen Meter von einem Hindernis oder von verbotenem Gelände entfernt sein. Danach muss der Kreis grundsätzlich dort gezogen werden, wo die Sau zuletzt gelegen hat (siehe „Das Spielfeld"). Die Mannschaft, die das Anspielrecht hat, zieht den Kreis. Aber es gibt natürlich Ausnahmen. Wenn es nicht möglich ist, von dieser Stelle aus, die Sau auf zehn Meter zu werfen, dann darf der Kreis zurückverlegt werden. Allerdings nicht in beliebiger Richtung, sondern entlang der Linie Kreis-Sau, die die vorherige Aufnahme bestimmt hat. Das Recht, den Kreis zu versetzen, hat natürlich nur die Mannschaft, die den Kreis ziehen muss, also an der Reihe ist. Macht sie von diesem Recht Gebrauch, muss sie jedoch nicht die Sau auf zehn Meter auswerfen, sie kann auch kurz spielen. Die mögliche Verlegung des Kreises ist eine Kann-Bestimmung, man muss das nicht machen. Man sieht an diesen Bestimmungen jedoch, wie ernst das Regelwerk die Kreation des Spielfeldes nimmt, das durch den Standort des Kreises und den Auswurf der Sau bestimmt wird. Es wird sogar noch komplizierter. Wenn das Team mit dem Anwurfrecht nach drei Versuchen die Sau nicht regelgerecht auf den Boden gebracht hat, dann darf, wie wir wissen, nun die andere Mannschaft die Sau werfen. In diesem Fall hat sie außerdem das Recht, den Kreis nach der Zehnmeter-Regel zu verändern. Denn auch sie muss theoretisch die Sau auf zehn Meter legen dürfen. Schafft sie es allerdings nach drei Versuchen ebenfalls nicht, die Sau ins Spiel zu bringen (nun wäre wieder die Mannschaft mit dem Anspielrecht dran), dann muss der Kreis bleiben, wo er ist.

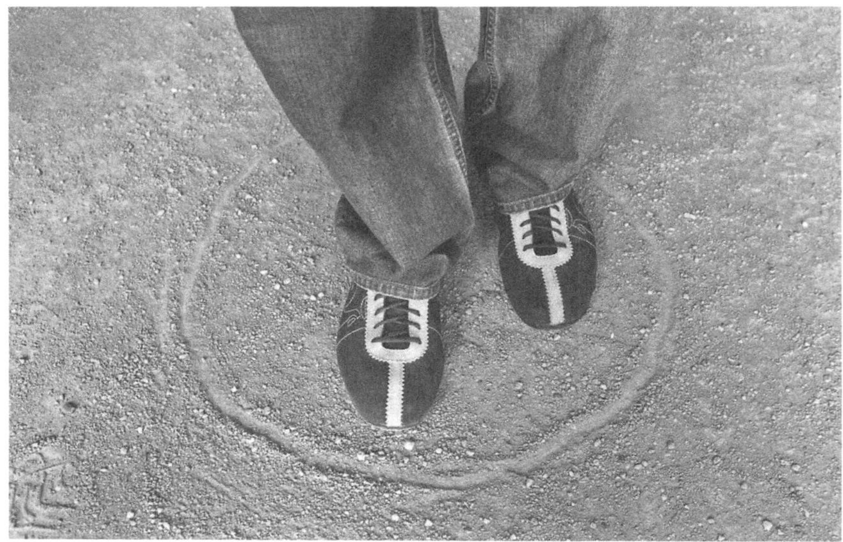

Abbildung 11: Mit dem Kreis beginnt das Spiel. Er ist kleiner als die meisten denken, höchstens 50 Zentimeter.

Jede Kugel muss aus dem Kreis heraus gespielt werden. Der Spieler steht mit beiden Beinen auf dem Boden und darf den Kreis erst dann verlassen, wenn die Kugel nach dem Wurf wieder auf dem Boden gelandet ist. Wer das Bein während des Wurfes hebt, seitlich oder nach vorne aus dem Kreis springt, zeigt nicht nur wenig Eleganz, er würde im Beisein eines Schiedsrichters eine Verwarnung bekommen. Und wenn er Pech hat, nimmt der Arbitre die gespielte Kugel wieder aus dem Spiel. Viele Spieler merken es selbst nicht, wenn sie übertreten oder in Aktion aus dem Kreis stolpern. Besser, die eigenen Leute weisen sie darauf hin, als wenn es der Gegner tut. Ausnahmen sind nur dann erlaubt, wenn ein Spieler wegen einer Behinderung (zum Beispiel als Rollstuhlfahrer) die Kreisbegrenzungen nicht einhalten kann.

Wurf aus dem falschen Kreis oder mit der falschen Kugel. Eigentlich sollten die Kreise nach Ende der Aufnahme mit dem Fuß verwischt werden. Aber das wird allzu oft vergessen. Es kommt immer wieder vor, dass auf dem Gelände noch Kreise aus vorhergehenden Durchgängen zu sehen sind. So kann es passieren, dass ein Spieler aus dem falschen Kreis wirft. Diese Kugel ist prinzipiell ungültig, und alles, was sie bewegt hat, muss in den ursprünglichen Zustand zurückversetzt werden. Allerdings gilt hier die Vorteilsregel: Der Gegner kann entscheiden, ob er den Wurf akzeptiert oder nicht. Wenn er ja sagt, bleibt die gespielte Kugel und alles, was sie angestellt hat, gültig. Außerdem muss der Vorgang sofort reklamiert werden; ist schon die nächste Kugel gespielt, bleibt die vorherige gültig.

Verwechselt ein Spieler unabsichtlich eine Kugel und führt den Wurf mit einer fremden aus, dann bleibt dieser Spielzug gültig. Die Kugel muss aber sofort ausgetauscht werden. Erst im Wiederholungsfall wird der Spielzug mit einer fremden Kugel annulliert.

Das Bearbeiten des Bodens - ist grundsätzlich verboten. Doch gegen keine Regel wird häufiger und frecher verstoßen als gegen diese. Dies ist eine der größten Unsitten auf dem Bouleplatz. Gerade die vermeintlich besseren Spieler halten sich nicht an diese Regel und geben so dem Nachwuchs ein schlechtes Beispiel. Ich habe junge Spieler getroffen, die wussten nicht, dass sie sich irregulär verhalten, wenn sie „planieren", so nennt man die Unsitte, mit dem Fuß das Terrain zurecht zu machen. Sie kopieren ja nur ihre Vorbilder, die Turnierspieler und Patzhirsche, die oft genug so tun, als sei es professionell, den Aufschlagspunkt, auf den sie ihre Kugel setzen wollen, vorher ein wenig glatt zu streichen. Erlaubt ist lediglich, vor dem Auswerfen der Sau, das Gelände nach möglichen Fallen abzutasten. Dafür darf der Spieler, der die Sau wirft, dreimal (nicht häufiger!) mit seiner Kugel den Boden berühren. Während des Spiels ist es jedoch dem Spieler oder einem aus seiner Mannschaft erlaubt, ein Loch in dem Boden zu schließen, das durch eine zuvor gespielte Kugel entstanden ist. Viele halten dies für einen Freibrief zum Planieren.

Durch Dritte bewegte Kugeln oder Zielkugeln. Es kann vorkommen, dass gespielte Kugeln durch Einwirkungen Dritter bewegt werden. Zum Beispiel wenn ein Hund durchs Spiel gewedelt kommt, eine Windböe die Sau verschiebt oder ein Spaziergänger aus Versehen durch das Bild latscht. Was dann? Grundsätzlich wird der ursprüngliche Zustand wieder hergestellt, das heißt die Spieler legen die Sau und/oder die Kugeln wieder zurück. Natürlich ist das in der Praxis nicht immer so einfach. In den Regeln steht: „Vorausgesetzt, der ursprüngliche Platz war markiert".

Das Regelwerk legt den Spielern nahe, die Sau und die gespielten Kugeln immer zu markieren, um sie bei einem solchen Fall zweifelsfrei wieder an den Platz zu beordern, an dem sie lagen. Ohne Markierung, so die Regel, ist eine Reklamation unmöglich. Das heißt, wenn Kugeln aus Versehen bewegt werden und sich die Spieler nicht einigen können, wie sie vorher lagen, bleiben sie so liegen, wie sie aktuell liegen. Die Regel ist hier ein wenig hilflos. Der Grund liegt darin, dass Regeln prinzipiell dafür da sind, strittige Situationen zu entscheiden. Daher müssen sie die Fälle so aufbereiten, dass sie entscheidbar werden. In unserem Fall würden sich die Mannschaften über die ursprüngliche Lage der Kugeln streiten, daher rufen sie einen Schiedsrichter. Da der sich jedoch normalerweise nicht bei dem Spiel aufhält, kann er nur das beurteilen, was er sieht. Und das sind die Kugeln, wie sie liegen oder eben Markierungen, die Aufschluss darüber geben, wo sie vorher lagen.

Eine Markierung kommt so zustande, dass man mit dem Finger, einem Stöckchen oder sonstigem Stift mindestens zwei Striche um die Kugel in den Sand ritzt, die den Standort bestimmen. Die Kugel darf dabei natürlich nicht bewegt werden. Im Boulealltag, selbst auf Turnieren, markieren die Spieler aber nur selten. Daher gibt es immer wieder Beckmesser, die den Sinn der Regel (den ursprünglichen Zustand wieder herstellen) auf den Kopf stellen und auf den fehlenden Markierungen herumreiten. Sie machen das meistens auch nur dann, wenn sie dadurch einen Vorteil erringen, zum Beispiel nach dem Auftritt des Hundes einen Punkt haben, den sie vorher nicht gehabt haben. Formal sind sie im Recht, und der Schiedsrichter wird sie bestätigen. Was aber halten wir von Spielern, die sich nicht am Sinn, sondern nur an den Worten der Regeln orientieren? Kein Zweifel, es gibt sie. Treffen wir auf solche Gegner, dann sollten wir uns vielleicht durchringen, jede unserer Kugeln und die Sau zu markieren.

Die Sau ist im Aus oder nicht sichtbar. Weht der Wind ein Blatt oder ein Stück Papier auf die Zielkugel, dann nimmt man den Unrat einfach beiseite und die Sau ist wieder sichtbar. Hat sich die Sau durch einen spielerischen Einfluss so verschoben, dass sie zum Beispiel hinter einem Baum liegt oder einem anderen Hindernis und deshalb nicht mehr sichtbar ist, dann gilt sie als ungültig. Um die Sichtbarkeit festzustellen, stellt man sich breitbeinig und aufrecht in den Kreis, die Füße auf die Ränder. Irgendwelche Verrenkungen, dass man sich nach links oder rechts hinüber beugen muss, um die Sau zu sehen, gelten nicht. Nur wenn die Sau von einer Kugel, die zum Spiel gehört, verdeckt wird, gilt sie weiterhin als sichtbar beziehungsweise sie ist gültig.

Wird die Sau ins Aus befördert, können drei Situationen eintreten. Entweder beide Mannschaften haben, nachdem die Sau ins Aus ging, keine Kugeln mehr auf der Hand (Fall a), oder beide Mannschaften verfügen noch über nicht gespielte Kugeln (Fall b), oder die eine Mannschaft hat schon alle Kugeln gespielt („ist leer"), die andere aber noch nicht (Fall c). In Fall à und b wird die Aufnahme als Null-Aufnahme gewertet, das heißt, keine der Mannschaften bekommt Punkte. Die Mannschaft, die vor dieser Aufnahme das Auswurfrecht für die Sau hatte, wirft auch danach wieder aus, und zwar im Regelfall von der Stelle, auf der die Sau vorher lag. Im Fall b ist es völlig egal, wie viele Kugeln die Mannschaften noch auf der Hand haben, auch wenn das eine Team nur noch eine Kugel hatte, das andere jedoch vier oder fünf, gilt trotzdem die Null-Punkte-Regel. Wichtig ist der Fall c. Hier gilt die Aufnahme als gespielt und es werden Punkte vergeben. Die Mannschaft, die noch Kugeln auf der Hand hatte, darf genau so viele Punkte einstreichen. Es ist klar, dass die Fälle b und c dieser Regel für taktische Manöver genutzt werden können, dazu später mehr (im Kapitel „Taktik").

Messen. In einem Spiel wie Pétanque kommen immer wieder Kugelkonstellationen zustande, die man mit bloßem Auge nicht erkennen kann. Dann müssen die Abstände von Kugel und Sau gemessen werden. Eigentlich eine einfache Sache, allerdings nicht ohne Risiko. Denn

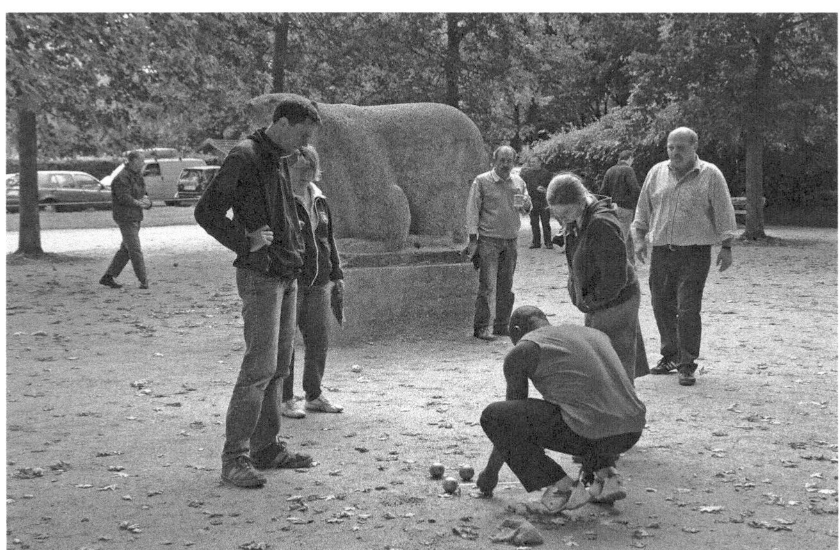

Abbildung 12: Auf den Abstand kommt es an. Manchmal wird es eng und man muss genauer schauen. Wer am Spiel ist, muss messen.

wer misst, kann aus Versehen die Sau oder die Kugel bewegen. Passiert das, dann ist der Punkt für die Mannschaft des messenden Spielers verloren. Daher ist geregelt, dass der Spieler, der zuletzt gespielt hat, oder einer aus seiner Mannschaft, zuerst mit dem Maßband in die Knie gehen muss. Danach hat die gegnerische Mannschaft selbstverständlich das Recht nachzumessen. Jeder der beteiligten Spieler kann einen Schiedsrichter rufen und ihn darum bitten zu messen. Sein Wort ist dann verbindlich. Meistens ist aber kein Schiedsrichter vorhanden, man muss sich also so einigen. Bei kniffligen Situationen fragen viele Mannschaften einen neutralen Spieler einer anderen Partie oder einen sachkundigen Zuschauer, ob er die Messaufgabe erledigen möchte. Selbstverständlich fügen sie sich dann dessen Urteil.

Auch Messen will gelernt sein. Es wird der kürzeste Abstand genommen, der sich vom Äquator der einen zum Äquator der anderen Kugel ergibt. Es wird also von Rand zu Rand gemessen. Nur von hier aus kann man die Distanz wirklich exakt bestimmen. Immer wieder begegnet man Leuten, die messen von Mittelpunkt zu Mittelpunkt. Wie sie den Mittelpunkt genau bestimmen wollen, ist mir schleierhaft. Liegen Hindernisse zwischen der Sau und der zu messenden Kugel, dann dürfen sie zur Messung aus dem Weg geräumt werden. Danach jedoch muss das Gelände wieder in den alten Zustand zurückversetzt werden.

Gleiche Entfernung der Kugeln - wer spielt? Zunächst mal: Der Fall, dass zwei Kugeln exakt gleich weit von der Sau entfernt liegen, ist äußerst selten. Es entspricht dem Sinn des Spieles, genau zu messen. Erst nach sorgfältiger Messung und wenn kein Unterschied festgestellt werden kann, sollte auf Unentschieden erkannt werden, nie jedoch aus Faulheit vor dem Messen. Klar sind die Verhältnisse, wenn beide Kugeln die Sau direkt berühren. Sind in einem solchen Fall alle Kugeln schon gespielt, bekommt keine Mannschaft einen Punkt. Das Recht, die neue Aufnahme zu beginnen, bleibt bei der Mannschaft, die schon die vorherige begonnen hatte. Hat die eine Mannschaft schon alle Kugeln gespielt, die andere aber noch welche auf der Hand, so kann sie diese spielen und bekommt so viele Punkte, wie sie Kugeln näher zur Sau legt als die beste Gegnerkugel. Haben beide Teams noch zu spielende Kugeln, so spielt zunächst die Mannschaft, die zuletzt gespielt hat. Ändert sich dann nichts an der Situation, so spielt die andere Mannschaft noch eine Kugel, danach wieder der Gegner und so weiter.

Analoges gilt bei Kugeln, die ins Aus gespielt wurden. Spielt die erste Mannschaft eine Kugel ins Aus, so ist der Gegner dran. Bringt auch er keine gültige Kugel auf das Gelände, müssen wieder die anderen spielen und so weiter. Wird eine gültige Kugel geschossen, so dass beide ins Aus driften und keine weiteren Kugeln sind auf dem Gelände, so muss die Mannschaft spielen, die zuletzt am Zug war, also die des Schiessers.

Zerbrochene Kugeln. Ich hab es zwar noch nie erlebt und auch noch nie davon gehört, dass Boulekugeln während des Spiels zerbrochen wären. Trotzdem fragen immer wieder Leute danach, was wäre wenn? Das ist ganz einfach. Zerbricht eine Kugel oder eine Zielkugel, dann gilt bis zur Beendigung der Aufnahme das größte übrig gebliebene Stück dieser Kugel. Ist die Aufnahme beendet, wird mit intaktem Spielgerät weiter gemacht.

Strafen. Wo es Regeln gibt, muss es auch Strafen geben. Die offiziellen Regeln sehen einen Katalog vor, der sich steigernde Strafen enthält. Am Anfang steht die Verwarnung, die zunächst keine Folgen zeitigt. Danach kommt die Annullierung der gespielten oder zu spielenden Kugel. Schließlich der Ausschluss des schuldigen Spielers für eine Aufnahme, oder - im schlimmeren Fall - für ein ganzes Spiel. Kommt es noch dicker, wird die gesamte Mannschaft disqualifiziert, und sollte der Gegner „schuldhaftes Einverständnis" zeigen, dann wird auch er ausgeschlossen. Ich kann die Turniere nicht mehr zählen, an denen ich teilgenommen habe, bisher bin ich nur einer Verwarnung durch einen Schiedsrichter begegnet, von der Annullierung einer falsch gespielten Kugel habe ich lediglich gehört. Alle weiteren Strafen sind mir noch nicht untergekommen. Aber es soll sie geben.

Im Allgemeinen kommen die Boulespieler ohne Strafen aus. Das Regelwerk in seiner strengen Auslegung ist für den Freizeitbereich sowieso ohne Belang. Man einigt sich im Zweifelsfall gütlich -es gibt natürlich auch welche, mit denen ist es schwer, ein schönes Spiel aufzuziehen. Denen droht mit der Zeit jedoch die schlimmste Strafe, die es unter Boulefreunden gibt: Keiner will mehr mit ihnen spielen.

Benehmen auf dem Platz

Ein Spiel, das fast immer ohne Schiedsrichter auskommt, lebt -das liegt auf der Hand -ein Stück weit von ungeschriebenen Gesetzen. Ein bisschen mag dabei das Savoire Vivre des französischen Südens als Vorbild herhalten: Man gibt sich leidenschaftlich und nimmt es locker. In Wirklichkeit variieren die ungeschriebenen Gesetze natürlich von Bouleplatz zu Bouleplatz, von Region zu Region, von Land zu Land. In Spanien zum Beispiel wird die Kleiderordnung sehr ernst genommen.

Ein Turnier in einer alten Jeans ist undenkbar, dort will man eine Hose mit Bügelfalte sehen, alles andere gilt als Respektlosigkeit gegenüber dem Spiel und den anderen Teilnehmern. Hierzulande hat man dagegen bisweilen den Eindruck, Boulespielen sei nur dazu da, die Altkleider aufzutragen -und es stört sich niemand daran.

In Thailand soll Pétanque angeblich ein beliebtes und von der Obrigkeit gefördertes Spiel in der Armee sein. Auch das wird die Umgangsformen in eine Richtung beeinflussen, die den unseren nicht unbedingt entsprechen. Pétanque ist heute eine weltweite Sportart und wird in allen Schichten gespielt. Das unterscheidet es zum Beispiel von Golf, das auch weltweit gespielt wird, aber doch mehr oder weniger überall von den gleichen Leuten. Daher gibt es in solchen Sportarten eine Etikette, die weltweit eingehalten wird. Von Pétanque lässt sich ähnliches nur mit einem großen „Mehr- oder weniger“ sagen.

Trotzdem gibt es Standards des Verhaltens auf dem Bouleplatz. Vor dem Spiel geben sich die Kontrahenten die Hand und stellen sich, wenn es denn nötig ist, mit Namen (fast immer nur der Vorname) vor. Dann wünschen sie sich in Deutschland ein „Schönes Spiel“ bevor es losgeht. Wie es während des Spiels zugeht, hängt natürlich von der Ernsthaftigkeit der Partie und dem Engagement der Teilnehmer ab. Es kann viel Pfeffer in einem Spiel liegen. Doch danach gehört es sich einfach, dass der Verlierer dem Sieger wieder die Hand reicht und ihm gratuliert, selbst wenn es schwer fällt. In Frankreich ist es Tradition, dass der Sieger den Verlierer zu einem Drink einlädt. Hierzulande hat sich das leider nicht durchgesetzt. Zu den Umgangsformen unter den Spielern gehört auch das „Du“, das selbstverständlich und unabhängig vom Alter oder vom Beruf gebraucht wird. Viele Spieler nehmen es im Detail zwar nicht so genau mit den Regeln, aber es gibt Dinge, die man einfach nicht tut. Absichtlich falsches Messen gehört dazu. Das hätte auch wenig Sinn, denn man könnte ja jederzeit nachmessen. Auch wer den Gegner in seiner Konzentrationsphase im Kreis stört, durch lautes Reden oder Gestikulieren, gilt eher als amateurhaft unwissend denn als unfair. Wer herumhampelt wird meist höflich und mit erzieherischem Unterton darauf hingewiesen, das bleiben zu lassen. Ein guter Spieler würde nie am Rand des Spielgeschehens den Zappelphilipp geben. Nur Anfänger wieseln ständig zwischen Kreis und Kugelbild hin und her, obwohl sie nicht dran sind. Der Erfahrene lässt den Gegner in Ruhe spielen und wartet erst mal ab. Wenn die andere Mannschaft das Zeichen gibt, den Punkt erobert zu haben, dann nimmt man selbst das Bild in Augenschein und akzeptiert entweder den Punkt der anderen oder bittet darum, zu messen. Wenn es offensichtlich ist, zieht sich der Gegner von selbst aus dem Spielterrain zurück und überlässt das Feld der Mannschaft, die nun dran ist. Spieler jener Mannschaft, die nicht an der Reihe ist, sollen mindestens zwei Meter Abstand vom Kreis halten und so stehen, dass sie denjenigen, der im Kreis steht, auf keinen Fall behindern. Es versteht sich von selbst, dass dazu auch Ruhe gehört. In dem Bereich um die Sau hat der Gegner nichts zu suchen, wenn die anderen versuchen, die Kugel zu platzieren. Hier gilt ebenfalls die Regel, dass mindestens ein Abstand von zwei Meter einzuhalten ist.

Soweit die elementaren Regeln zum Verhalten der Mannschaften untereinander. Gute Spieler halten sich immer daran. Das schließt nicht aus, dass sie den spektakulären Auftritt suchen, womöglich nur, um den Gegner zu beeindrucken und zu beeinflussen. Zum großen Boulespiel gehört immer ein wenig Theater. Doch die Bühne steht nur dem offen, der im Spiel an der Reihe ist.

II. Legen und Schießen Die grundlegenden Techniken

Pétanque, ist ein Strategie-Spiel. Es gibt sogar Leute, die glauben, dass es ähnlich strategische Dimensionen habe wie Schach. Das mag sein. Aber alle Klugheit nützt nichts, wenn wir unsere Überlegungen nicht umsetzen können. Das gezielte Platzieren einer Stahlkugel in einigen Metern Entfernung ist in erster Linie eine große Geschicklichkeitsleistung und überhaupt nicht zu vergleichen mit dem Hantieren von Schachfiguren.

Also kommt vor aller Taktik die Technik. Im Wesentlichen geht es darum, eine Kugel an den gewünschten Platz, meistens in die Nähe der Zielkugel, der Sau, zu befördern. „Legen" nennt es der Bouler und drückt damit schon die sachte und vorsichtige Vorgehensweise aus. Oder wir wollen eine gut liegende gegnerische Kugel entfernen. Das dürfen wir allerdings nur mit einem Kugelwurf, eben dem Schuss. Grob gesagt, besteht das ganze Spiel daraus, eigene Kugeln anzulegen und gut gelegte des Gegners weg zu schießen. Legen und Schießen ist also das Hin und Her, der Aufbau und die Zerstörung, die Defensive und Offensive, das Yin und Yang des BouleSpiels. Je besser wir die Techniken dafür beherrschen, desto sinnvoller und taktisch reifer wird unser Spiel. Mit dem technischen Niveau steigt außerdem auch der Spaß überproportional an.

Wir werden später (im Kapitel „Taktik") sehen, wie sich in den Mannschaften eine Aufgabenverteilung ergibt. Es bilden sich Schießer (franz. Tireur) und Leger (franz. Pointeur) heraus. Das heißt, der eine Spieler ist für das Platzieren der Kugeln zuständig und spielt seine Kugeln immer dann, wenn Legen gefragt ist. Der andere kommt zum

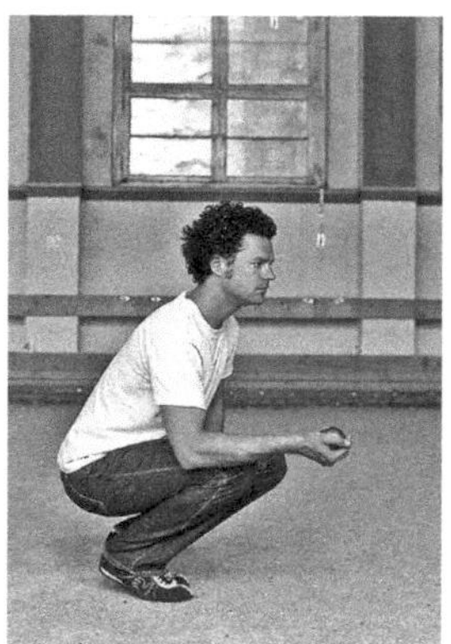

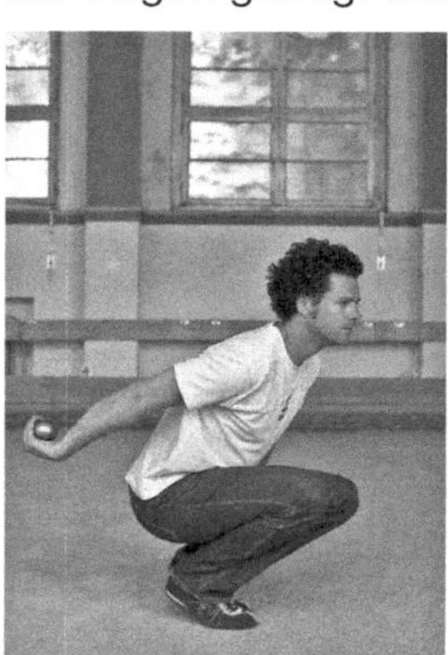

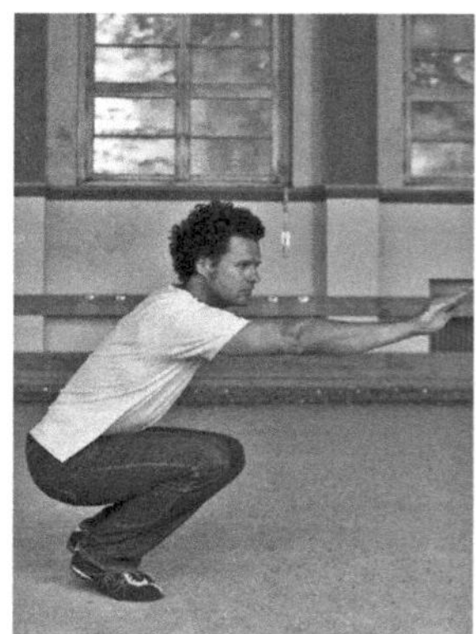

Abbildung 13: Bewegungsablauf beim Legen aus der Hocke

Zug, wenn die gegnerische Kugel „entsorgt" werden soll. Das ist der Schießer. (Eigentlich müsste es im Deutschen „Schütze" heißen, in der Bouleszene hierzulande hat sich allerdings „Schießer" eingebürgert.) Im Triplette, der Dreierformation, gibt es neben dem Leger und Schießer den so genannten Milieu, „den in der Mitte". Er sollte beides auch im Wechsel gut beherrschen. Da aber jeder nur zwei (Triplette) oder drei (Doublette) Kugeln hat, und nur diese spielen darf, kommt es immer zu Spielsituationen, in denen der Leger schießen und der Schießer legen muss. So wie im modernen Fußball alle Spieler stürmen und verteidigen (können) müssen. Also sollten wir trotz dieser Spezialisierung beide Techniken wenigstens in den Grundzügen beherrschen. Nur so werden wir brauchbare Boule-Spieler.

1. Wie die Kugel in der Hand liegt, so kommt sie heraus

Die Regeln schreiben nicht vor, wie die Kugel zu halten ist. Auch eine technisch falsch gespielte Kugel gilt. Gar nicht selten wirft ein Anfänger in seiner Unbedarftheit völlig unbeschwert die Kugeln in den Sand und platziert sie dabei an die Sau. Damit hat schon manches Greenhorn einen erfahrenen Spieler zur Weißglut getrieben, weil der - trotz toller Technik - nicht so viel Erfolg hatte. Doch auf Anfängerdusel sollten wir uns nicht verlassen. Besser wir halten uns an die Techniken, die sich über Jahrzehnte bewährt haben und die von den Besten entwickelt wurden.

Geben Sie einem Neuling eine Kugel in die Hand, und Sie werden sehen, er wirft sie - beinahe automatisch - falsch. Fast immer hält der Anfänger das Spielgerät wie ein König die Weltkugel. Und er spielt sie auch so, aus der nach oben offenen Hand. Das ist äußerst ungeschickt, wie Sie sich schon gedacht haben. Oft muss dabei das Kegeln oder sogar Murmeln als Vorbild herhalten. Vergessen Sie das. Das Halten und Spielen der Kugel beim Boule widerspricht am Anfang bei den Meisten dem natürlichen Gefühl. So ähnlich, wie fast alle beim ersten Mal einen Golfschläger verkehrt herum halten. Am Besten, Sie gewöhnen sich von Anfang an die richtige Kugelhaltung an. Denn später, wenn Sie schon mit falscher Haltung Spielpraxis erworben haben, wird es immer schwerer, sich umzustellen.

Halten Sie zunächst Ihre Wurfhand als ob Sie Wasser schöpfen wollten. Geschlossene Finger, der Daumen liegt seitlich am Zeigerfinger. Legen Sie dann die Kugel in die Handfläche, und drehen Sie die Hand um 180 Grad, so dass nun der Handrücken nach oben und die

Kugel nach unten zeigen - schon haben Sie die richtige Kugelhaltung! Schwingen Sie nun den Arm möglichst gerade und ohne Schlenker von hinten nach vorne, lassen Sie die Kugel erst los, wenn die Hand etwa Ihre Brusthöhe erreicht hat. Fertig ist der perfekte Wurf. In Wirklichkeit gehört natürlich viel Übung dazu, und jeder Spieler wird mit der Zeit seinen eigenen Stil entwickeln. Doch verwechseln Sie Stil nicht mit Macke. Ein eigener Stil ist die Variation des Richtigen, ein Fehler bleibt ein Fehler auch wenn man ihn ständig wiederholt. Als sehr nützlich erweisen sich Freunde oder ein Trainer, die Sie hin und wieder beobachten und eine falsche Haltung oder Fehler monieren, die sich eingeschlichen haben.

Wir wissen, dass die Menschen sich durch die besondere Stellung des Daumens vom Affen unterscheiden. Der Daumen ermöglicht uns den umfassenden Griff. Beim Werfen der Boule-Kugel müssen wir einen Schritt in der Evolution zurückgehen. Ich weiß, das ist nicht leicht. Immer wieder beobachte ich, wie schwer sich die Leute tun, den Daumen aus dem Spiel zu lassen. Häufig legen sie die Kugel in das Dreieck zwischen Daumen, Zeige- und Mittelfinger. Sie krallen die Kugel. Es versteht sich von selbst, dass die Kugel so nie optimal aus der Hand gleitet. Selbst wenn es von weitem wegen des nach oben gedrehten Handrückens vielleicht wie ein versierter Wurf aussehen mag. Immer wird die Kugel einen unerwünschten Drall mitbekommen, der sich dann am Boden als ein unkontrollierbares Verspringen bemerkbar macht.

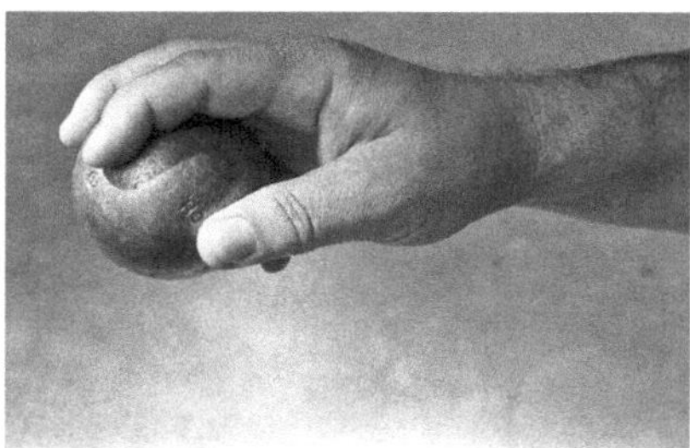
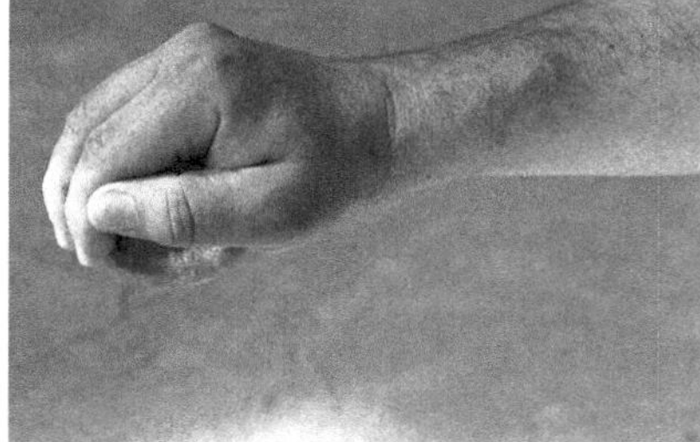

Abbildung 14: Falsche (links) und richtige Haltung der Kugel

Es gibt nicht wenige Spieler, die sogar stolz auf ihre verdrehten Kugeln sind, und die glauben, je mehr Drall ihr Spielgerät aufweist, desto besser hätten sie geworfen. Sie halten das für Raffinesse. Das ist natürlich Unsinn. In Wirklichkeit müssen solche Bouler ihre technischen Mängel ständig kompensieren. Das heißt, sie müssen etwa bei Rechtsdrall weiter links aufsetzen, um zum Ziel zu kommen, oder sonstige komplizierte Anstalten treffen, um ihre „Raffinesse" auszugleichen. Sie machen sich dabei zusätzliche Schwierigkeiten und merken es meist noch nicht einmal. Auf unseren Bouleplätzen treffen wir nicht selten auf solche Spieler. Oft haben sie ihre falsche Technik schon jahrelang gepflegt und tun sich schwer, davon zu lassen. Sollten Sie jemanden sehen, der eine Kugel wirklich gerade heraus spielt, dann können Sie fast davon ausgehen, dass er zu den Besseren gehört.

Also: Daumen weg von der Kugel! Die anderen vier Finger umfassen unser Spielzeug. Dabei sind Mittel-und Ringfinger die zentralen Haltgeber. Sie bestimmen auch die Richtung und geben der Kugel beim Verlassen der Hand automatisch einen Rückdrall. Dieser Rückdrall ist gewünscht, weil er der Kugel Stabilität in der angepeilten Richtung verleiht und - je nachdem wie bewusst er eingesetzt wird - die Kugel bremst.

Wer die Kugel auf die beschriebene Weise in den Fingern hält und es sich zur Gewohnheit macht, dass dieser Griff zur völligen Selbstverständlichkeit wird, der findet zu einem einfachen Wurf. Und der einfache Wurf ist fast immer der bessere, schon deswegen weil er leichter durchzuführen ist und daher mehr Aussicht auf Erfolg hat. 80 bis 90 Prozent aller Spielsituationen lassen sich mit einem einfachen Wurf bewältigen. Vor allem aber ist die Beherrschung des einfachen Wurfes die Voraussetzung für absichtlich komplizierte Würfe. Diese werden manchmal notwendig, wenn das Terrain sehr schwierig ist oder (natürliche oder vom Gegner platzierte) Hindernisse auf dem direkten Weg liegen, die umspielt werden müssen. Doch dazu später.

2. Der Boden, die tückische Dimension des Boule-Spiels

Auf den deutschen Boule-Plätzen geben meistens die Schießer den Ton an. Bei Wettkämpfen ist auch das Publikum eher geneigt, einem guten Schuss zu applaudieren, während eine gut gelegte Kugel beiläufig zur Kenntnis genommen wird. Schießen macht mehr her, kein Zweifel. Es rührt sich was, wenn geschossen wird. Außerdem macht es Krach, wenn eine Stahlkugel mit Karacho auf eine andere trifft. Für einen Boule-Spieler ist das fast schon Musik. Der Treffer bringt quasi seinen eignen Beifall mit. Kein Wunder, dass ein solcher Klang Spieler und Publikum in Verzückung versetzt. Auch der Laie sieht sofort, dass viel Technik und Übung in einem Schuss stecken -wenn er denn trifft. Es ist klar, mit einer Stahlkugel eine andere in acht oder neun Metern Entfernung zu treffen, ist ganz schön schwer. Dagegen scheint das Platzieren einer Kugel in die Nähe eines Ziels vergleichsweise einfach.

Aber nur auf den ersten Blick. Denn ganz gegen den Anschein: Legen ist schwerer als Schießen. Warum? Der Schuss verlangt vom Schießer ein ballistisches Gespür. Er muss der Kugel einen Impuls geben, so dass sie eine Kurve beschreibt, die nach einigen Metern mit der zu treffenden Kugel kollidiert. Um es physikalisch auszudrücken, programmiert der Tireur seine Kugel mit den Koordinaten x und y, die mit denen der angegriffenen Kugel gleich sein müssen, wenn es zur Kollision, also zum Treffer, kommen soll. Das hört sich komplizierter an als es ist. Man muss den Vorgang nicht so beschreiben, um zu treffen. Im Gegenteil, Intelligenz -sagen manche -ist eher ein Hindernis. Denn das Schießen ist immer die gleiche Übung (theoretisch zumindest. Warum es praktisch oft anders ist, erfahren wir später). Das Medium, in dem die Kugel befördert wird, ist immer die Luft. Diese ändert sich nicht und stellt kein Hindernis dar.

Auch der Leger ist ein Ballistiker. Er muss die gleiche Koordinationsleistung vollbringen wie der Schießer. Nur kommt bei ihm noch ein weiterer Faktor hinzu. Der Boden. Denn nur im ersten Teil seines Wurfes fliegt die Kugel durch die Luft, dann landet sie auf dem Boden und rollt dort weiter zum Ziel. Neben der Luft, die nicht stört, ist der Boden also das Medium, das die Leger-Kugel bestimmt. Der Boden stellt jedoch immer wieder eine neue Herausforderung dar. Kein Spielplatz gleicht dem anderen, und selbst auf dem gleichen Platz ist die Perspektive, aus der gespielt wird, nie dieselbe. Der gute Leger benötigt also eine weitere Fähigkeit: Er muss den Boden lesen können.

Das Terrain ist ein wichtiger Bestandteil des Boule-Spiels. Selbstverständlich, werden Sie sagen, worauf soll man denn sonst spielen. Richtig. Allerdings verzichtet unser Spiel auf die Normierung des Untergrundes. Wenn die Böden variieren, so liegt das nicht daran, dass der Boule-Club kein Geld für die Präparierung des Spielfeldes gehabt hat. Fast alle anderen Kugelspiele versuchen einen für alle verbindlichen Untergrund vorzugeben. Billard zum Beispiel hat einen normierten Tisch, der den immer gleichen Rahmen bietet. Auch Boccia versucht eine ideale Bahn für alle Spiele zu konstruieren. Bei Pétanque ist das anders. Der Boden, selbst wenn er künstlich hergerichtet wird, ist absichtlich unregelmäßig, wird extra mit gemeinen Steinen versehen und gehört so zu den variablen Rahmenbedingungen. Ein größeres Boulodrôme hat deswegen oft Bahnen mit verschiedenen Böden. Einmal steinig, einmal fast betonglatt, dann wieder mit weichem Untergrund. Die Kunst des Boulers besteht darin, mit jedem Boden zurecht zu kommen. Das ist eine anspruchsvolle Kunst. Es gibt Spieler, die auf einem bestimmten Boden fast alles können, auf einem anderen nichts mehr. Wer kennt nicht einen, der auf dem heimischen

Platz jede Kugel an die Sau legt, auswärts aber immer „Pech" hat? Das ist aber alles andere als Pech. Der Boden ist nur ein anderer, und der Spieler kann sich nicht umstellen. Er ignoriert den Boden. Ein Kardinalfehler.

Das Allererste, das der Leger beachten muss, ist also der Boden auf dem er spielt. Für Außenstehende mag die Spielfläche vollkommen eben wirken, für denjenigen, der eine Kugel darauf platzieren möchte, wird das Ganze auf einmal zu einer abenteuerlichen Topografie. Er sieht dort einen großen Kieselstein, der die Kugel unweigerlich vom Weg abbringen wird, dann eine kleine Mulde, die die Kugel nach rechts abdriften lassen dürfte, oder das Hochplateau, auf dem sie liegen bleiben muss, denn dahinter geht es hinunter und die Kugel bekäme neuen Schwung, mit dem sie sich nach hinten und weg vom Ziel bewegen würde. Lauter Unwägbarkeiten also, und bisweilen wird es sogar noch schwieriger, wenn es etwa geregnet hat, der Boden feucht ist und im Laufe des Tages trocknet. Dann verändert er seine Eigenschaften von Stunde zu Stunde. Ein Wurf, der um zehn Uhr noch gut war, führt um ein Uhr völlig in die Irre. Über nichts unterhalten sich Leger öfter als über die „Gemeinheiten" des Bodens.

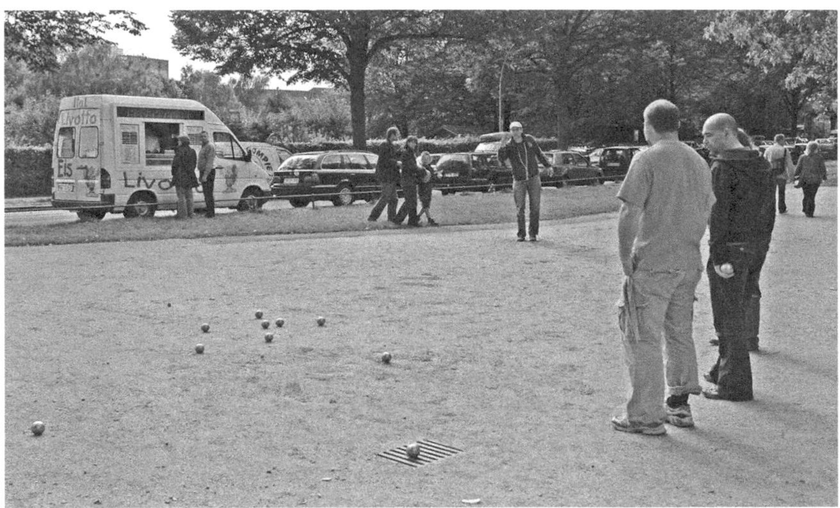

Abbildung 15: Ein guter Boulespieler kommt auf jedem Boden zurecht.

Nach den Regeln darf der Spieler das Gelände nicht verändern, das Steinchen muss also dort liegen bleiben und wenn es noch so stört. Natürlich sieht man immer wieder, dass Spieler „planieren", sie machen sich den Weg mit dem Fuß zurecht. Das ist verboten und wird bei offiziellen Wettkämpfen geahndet. Aber auch bei normalen Spielen führt es immer wieder zu Streit, wenn ein Kontrahent sich einen Vorteil zu verschaffen sucht, in dem er das Gelände präpariert. Es ist aber obendrein ein Gebot der Fairness, das Planieren nicht zu übertreiben. Es ganz zu lassen, werden die meisten nicht können. Das sei doch französisches „Laisser-faire“ denken sie und würden sich wundern, wie die eigentlich lockeren Franzosen dabei oft keinen Spaß verstehen. Erlaubt ist lediglich, die Stelle, die von einer zuvor gespielten Kugel verändert wurde, wieder in den ursprünglichen Zustand zurückzuversetzen. Diese Möglichkeit sollte man dann aber auch wirklich nutzen. Oder man lässt das „Loch“, wie Bouler sagen, extra offen, so dass der Gegner durch diese Stelle gestört wird. Doch das gehört schon zu den feineren spieltaktischen Überlegungen, zu denen wir später noch kommen werden.

3. Das Donnée oder: Gegen den blinden Fleck beim Legen

Es versteht sich von selbst, dass es nicht egal ist, wo die Kugel auf den Boden aufschlägt. Der Aufschlagpunkt, in der Boule-Sprache Donnée genannt, entscheidet, wie und auf welche Weise die Kugel die noch verbleibende Strecke zurücklegen wird. (Der französische Ausdruck heißt eigentlich „la donnée“, ist also weiblich. „Aufschlagpunkt“ im Deutschen ist männlich, daher führt es zu Irritationen, wenn wir im Deutschen, was eigentlich korrekt wäre, „die donnée“ sagen würden, umgekehrt ist es mit „der donnée“ genau so. Also schreibe ich „das Donnée“.)

Obwohl es eine Selbstverständlichkeit ist, dass das Schicksal einer gelegten Kugel vom Donnée abhängt, ignorieren fast alle Anfänger und noch viele schon geübtere Spieler genau das. Wir sehen sie im Kreis stehen, die Augen fest auf die kleine Ziel kugel gerichtet, und so werfen sie ihr Eisen. „Werfen“ ist dafür genau der richtige Ausdruck. Man könnte auch wegwerfen sagen. Denn wer die Sau im Blick hat, wirft die Kugel blind. Er sieht sich eben nicht die Stelle an, auf der die Kugel den Boden berührt. In seinem inneren Koordinatensystem schätzt er lediglich die Entfernung zum Ziel ein, und setzt -im besten Fall -auch nur das um. Mit ein wenig Glück landet die Kugel trotzdem dort, wo sie hin soll. Beim nächsten Mal liegt sie dafür zwei Meter rechts vom Ziel. Wer ist Schuld? Natürlich der Boden, schimpfen die Anfänger. Ein Steinchen oder irgend eine andere Gemeinheit hat die Kugel aus der Bahn gebracht. Sie konnten das Hindernis nicht sehen, sie haben ja nicht hingeschaut.

Das ist der blinde Fleck beim Legen. Wer ihn überwunden hat, ist schon ein gutes Stück weiter. Eigentlich ist das nicht schwer, eher eine Gewohnheit, eine Art geistiger Disziplin. Oder warum soll es so kompliziert sein, die Stelle anzuschauen, auf die man die Kugel werfen will? Beim Schuss scheint es selbstverständlich, dass der Tireur die Kugel fixiert, die er treffen soll. Beim Legen vergessen viele, dass eine Kugel nur dann bewusst ins Ziel gelangt, wenn ich das Donnée treffe, das zu diesem Weg führt. Das Legen einer Kugel unterscheidet sich vom bloßen Schmeißen dadurch, dass der Spieler bewusst eine Kugel auf eine bestimmte Art auf ein Donnée wirft, so dass sie von dort an eine andere Stelle rollt, dahin, wo sie hin soll. Und zuverlässig trifft nur der das Donnée, der es während des Wurfes als Ziel im Blick hat.

Natürlich kann ich einen Aufschlagpunkt nur dann als Ziel fixieren, wenn ich weiß, wo er liegt. Und genau damit fängt das Legen zu allererst an. Nicht mit dem Kugelwurf, sondern mit dem Ausspähen des Bodens nach einem geeigneten Aufschlagpunkt. Viele Spieler schreiten die Strecke vom Kreis bis zur Sau ab. So bekommen sie ein Gefühl für die Distanz und für die Bodenbeschaffenheit. Ganz Genaue nehmen das Gelände von vorn und hinten in Augenschein, gehen in die Hocke und betrachten eine Stelle aus der Nähe, bevor sie ihre Kugel auf die Reise schicken. Im Kreis wirft der Spieler vielleicht noch einen letzten Blick auf die Sau, doch dann fixiert er den Punkt, auf dem die Kugel aufkommen soll.

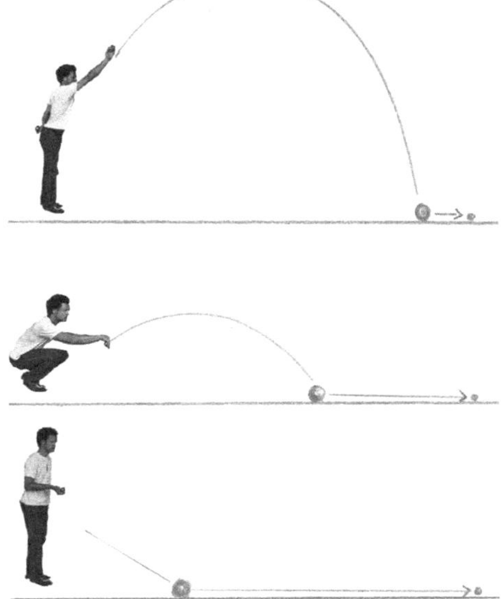

Abbildung 16: Die drei Grundformen des Legens: Rollen (unten), Halbportée (mitte) und Hochportée. Wenn die Kugel weitgehend durch die Luft fliegt, stört der Boden nur wenig. Dafür ist der hohe Wurf, auch Plombée genannt, technisch am schwierigsten. Doch auch das Rollen will gekonnt sein. Da die Kugel eine weite Distanz am Boden zurücklegen muss, kann es zu Abweichungen durch Steine, Mulden oder andere Unregelmäßigkeiten kommen. Das Halbportée ist der gebräuchlichste Wurf.

Das hört sich alles so selbstverständlich und einfach an, und Sie wundern sich, dass ich das so betone. Doch beobachten Sie sich selbst und andere, und Sie werden immer wieder sehen, wie oft gegen diese einfache Regel „Schaue dorthin, wohin Du deine Kugel wirfst“ verstoßen wird. Es scheint für viele schwer, auf eine solch indirekte Art vorzugehen. Wie gesagt, es ist eine geistige Disziplin, die hier gefordert wird. Wie überhaupt das Legen den intellektuellen Part beim Boule-Spiel abgibt. Wir müssen beim Legen über das Donnée unser Ziel (die Sau) aus dem Auge lassen, um ans Ziel zu kommen. So wie wir vor dem Schaufenster stehend nur über den Umweg durch die Ladentür zur begehrten Ware kommen.

Wie muss nun ein solches Donnée beschaffen sein? Zunächst mal sollte es so groß sein, dass man es auch ohne Mühe treffen kann. Ein bierdeckelgroßer Fleck am Boden mag ein idealer Aufschlagpunkt sein, aber wie oft werde ich ihn treffen? Selbst geübte Spieler werden ein größeres Donnée einem kleineren immer vorziehen. Es macht den Wurf einfacher, stressfreier und kostet weniger Konzentration, die dann für anderes eingesetzt werden kann. Die Stelle des Aufschlagpunktes muss so beschaffen sein, dass dort keine Steine stören, kein Sandloch die Kugel absaufen lässt und keine Schräge den Wurf unnötig kompliziert. Dem geübten Auge bietet der Boden meist von selbst mehrere solcher Stellen an. Dann können wir entscheiden, welchen Wurf -flach, halbhoch oder hoch - wir wählen. Fast immer jedoch ist es leichter, den Wurf an ein Donnée anzupassen, als umgekehrt. Das liegt ganz einfach daran, dass der Boden nicht flexibel ist, wir sollten es aber sein.

4. Grundformen des Legens

Häufig sieht man Leger, die aus der Hocke spielen. Das bringt ohne Zweifel Vorteile, vor allem bei kurzen Distanzen. Doch nicht jeder kann das. Gerade bei Ex-Sportlern macht oft das Knie nicht mit, und wenn der BouleTag lange dauert, ist es auch für den Gesunden nicht immer leicht, ständig in die Knie zu gehen. Das ist zwar ein kleines Handicap, aber im Großen und Ganzen kein Malheur. Vor einigen Jahren zum Beispiel tauchten auf den deutschen Bouleplätzen einige westafrikanische Boule-Spieler auf. Der eine war in seinem Land ein berühmter Fußballstar, noch keine dreißig Jahre alt, sein linkes Knie war wegen einer Verletzung steif geworden, und so spielte er Pétanque, das in seiner Heimat fast so populär wie Fußball ist. Er brachte es auch in dieser Disziplin zum Nationalspieler, obwohl er nicht mehr in die Hocke gehen konnte. Ein anderer, der aus dem gleichen Land kommt, leidet auch an den Folgen einer Beinverletzung und humpelt ebenfalls. Das hat ihn allerdings nicht daran gehindert, mehrmals Deutscher Meister zu werden - als Leger. Beide Spieler gehörten zu den Besten, die jemals auf deutschen Bouleplätzen und Turnieren gesehen wurden. Es geht also auch ohne Kniebeugen. Trotzdem: Nur aus Bequemlichkeit sollte man nicht stehen bleiben. Wer aus der Hocke spielt und ein Könner ist, hat aus dieser Perspektive sicher ein größeres Repertoire zur Verfügung als wenn er nur aus dem Stand spielen würde. Allerdings erschließt sich dieses erst durch viel Übung und lange Erfahrung. Wer gesund ist, wird mit der Zeit wahrscheinlich von selbst auf die Idee kommen, von „unten" zu legen. Theoretische Argumente braucht er dafür nicht mehr.

Grundlegender als die Frage „Hocke oder Stand" ist beim Legen die Körperhaltung. Sie sollte ungezwungen, locker und einfach sein - denn genau so soll die Kugel auch aus der Hand gleiten. Selbstverständlich? Beobachten Sie sich doch selbst! Haben Sie nicht manchmal die Schultern hochgezogen? Den Unterkörper gegen den Oberkörper verdreht? Oder beobachten Sie Ihre Mitspieler. Schon in der Körperhaltung sieht man viel Verkünsteltes, da wird die Kugel ruckartig geschmissen, viele stehen oder hocken schief im Kreis.

Wenn Sie merken, dass Sie verkrampfen, atmen Sie einfach einmal durch und richten Sie sich gerade auf. Dann geht es einfacher. Die Füße sollen zusammenstehen, sie können auch leicht angewinkelt werden. Wichtig ist, dass der große Zeh des rechten Fußes auf die Stelle zeigt, wo die Kugel auf dem Boden aufkommen soll, auf das Donnée. Für Linkshänder gilt das natürlich umgekehrt.

Schon die Regel schreibt vor, dass die Füße nah beieinander stehen müssen. Denn der Kreis darf keinen größeren Radius als 50 Zentimeter haben. Nehmen wir an, Sie haben die Schuhgröße 44, dann ergibt sich von selbst, dass die Füße nicht weit auseinander stehen dürfen. Aber selbst wenn der Kreis viel größer sein sollte -Anfänger machen immer viel zu große Kreise -halten Sie Ihre Füße eng zusammen! Wer breitbeinig oder mit Ausfallschritt im Kreis steht, wird immer eine unrunde Bewegung hervorbringen. Ist der Stand locker, der Boden analysiert, das Donnée gewählt, dann müssen wir uns für eine bestimmte Art des Legens entscheiden. Im Prinzip gibt es davon drei: das Rollen, einen halbhohen und einen hohen Wurf. Die französischen Ausdrücke dafür sind Rouler, Demi Portée und Portée (oder Plombée). Natürlich ist jeder konkrete Wurf immer nur eine mehr oder weniger große Annäherung an diese Grundformen. Die Spielsituationen - Bodenbeschaffenheit und die Lage der schon gelegten Kugeln - bestimmen, welche der Grundformen zum Einsatz kommen.

Das Rollen (Rouler). Rollen ist die einfachste Form des Legens und gleichzeitig - so ist eben das Leben - die schwerste. Leicht, weil die Kugel nicht weit geworfen werden muss, sie setzt schon kurz nach dem Kreis auf. Dabei wird sie nicht in einem Bogen geworfen, sondern direkt auf den Boden. Das ist die einfache Seite des Rollens. Schwer zu berechnen ist, was danach kommt. Denn die Kugel rollt nun viele Meter bis zum Ziel auf einem Untergrund, der, wie wir wissen, ziemlich unregelmäßig ist. Jedes Steinchen wird jetzt zur Gefahr, jede Unebenheit zum Risiko. Es gehört viel Erfahrung dazu, eine Kugel so auf die Reise zu schicken, dass sie nach sieben, acht oder gar neun Metern noch einigermaßen kontrolliert da ankommt, wo sie hin soll.

Rollen ist immer dann von Vorteil, wenn der Boden hart und verhältnismäßig eben ist. Zum Beispiel Fußballplätze aus Roter Erde gehören dazu. Die meisten Spieler hassen solche Plätze, aber bei Turnieren weichen die Vereine oft auf ein solches Terrain aus, weil der übliche Boule-Platz bei dem Andrang nicht ausreichen würde. Man muss eben auch auf Roter Erde spielen können. Und wer gut rollen kann, macht auch hier keine schlechte Figur. Ich erwähne das, weil unter Boule-Spielern das Rollen ein wenig verpönt ist. Man hält das für eine Sache von Anfängern und alten Männern, die das übrigens oft mit einer Virtuosität beherrschen, dass einem bisweilen die Spucke weg bleibt. Es gibt aber immer wieder Situationen, wo auch ein geübter Spieler die Kugel rollt. Hochmut gegenüber dem Rollen ist also nicht angebracht. Wer die Kugel rollen kann, hat auf jeden Fall Vorteile, denn er verfügt für einen bestimmten Typus Boden über eine technische Variante mehr.

Halbportée (Demi Portée). Die meisten Kugeln werden mit einem Halbportée gelegt. Es ist quasi der Alltagswurf des Pétanque-Spiels. Manchmal wirft man die Kugel kürzer, und dann etwas flacher, ein anderes Mal weiter, dann höher. Das ergibt sich daraus, dass die Kugel, wenn sie mit einem höheren Bogen gespielt wird, weniger weit rollt. Ein hoher Bogen bedeutet einen größeren Einfallswinkel, das wiederum heißt, dass ein größerer Teil der Energie der Kugel vom Boden absorbiert wird, es bleibt also weniger übrig für die Vorwärtsbewegung. Soweit die Theorie, in der Praxis heißt das: ausprobieren und üben. Das Halbportée ist der wahrscheinlich sicherste und effektivste Wurf, allerdings nur dann, wenn der Spieler auf das Donnée achtet. Ohne Donnée ist das Halbportée mehr als die anderen Würfe blind. Ob das Halbportée nun kürzer oder weiter gespielt werden soll, entscheidet daher auch die Lage des Données.

Hochportée (Portée oder Plombée). Dieser Wurf ist das Gegenteil des Rollens. Er ist der schwerste Wurf, doch wer ihn beherrscht, kann es sich einfach machen. Im Idealfall fliegt die Kugel in einem hohen, parabelförmigen Bogen bis kurz vor das Ziel und bleibt dann dort liegen oder rollt nur noch ein klein wenig weiter. Der Vorteil eines solchen Wurfes liegt auf der Hand: die Unwägbarkeiten des Bodens sind durch das Hochportée weitgehend ausgeschaltet. Die Luft ist der Weg, und dort können keine Steine, keine Unebenheiten und keine Kugeln die Bahn stören oder beeinflussen. So gesehen ist es ein einfacher Wurf, da der Spieler den Boden nicht „lesen“ muss.

Allerdings stellt das Hochportée technisch derart hohe Anforderungen, dass es auch bei versierten Spielern eher die Ausnahme als die Regel bildet. Das gilt für den normalen Boule-Betrieb. Meistens werden aber hochklassige Pétanque-Partien, etwa bei Weltmeisterschaften, auf so schwierigem Boden gespielt, dass überhaupt nichts anderes übrig bleibt, als Hochportées zu spielen. Wer diesen Wurf nicht beherrscht, hat auf solch hohem Niveau dann auch nichts zu bestellen.

Mal abgesehen davon, dass das Hochportée auf schwierigem Terrain ein effektiver Wurf ist, sieht diese Technik außerdem noch beeindruckend und schön aus. Ein „Ah!“ und „Oh!“ vom Publikum oder den Mitspielern ist garantiert -wenn die Aktion denn gelingt. Es gibt immer wieder Spieler, die in ihre Hochportées so verliebt sind, dass ihnen nicht mehr auffällt, dass vier von fünf Würfen daneben gehen. Für einen Leger ist das natürlich eine verheerende Bilanz.

5. Training: Fünf Übungen für Leger

Erste Übung: Das Dreieck. Diese Übung ist sowohl technischer wie taktischer Art. Es geht darum, eine Kugel so zu platzieren, dass sie auf jeden Fall vor der Sau liegt. Jede Kugel, die hinter die Sau geht, selbst wenn sie nah am Ziel liegt, gilt als verloren.

Der Sinn dieser Übung liegt darin, zu trainieren, wie man ein Spiel eröffnet, das heißt, wie die erste Kugel im Normalfall zu spielen ist. Der Spieler soll lernen, die Kugel eher zu kurz als zu lang zu legen, er soll verinnerlichen, dass seine Kugel nicht nur nah an der Sau liegen soll, sondern in aller erster Linie davor.

20 Zentimeter hinter der Sau ist schlechter als 50 Zentimeter davor. Warum? Eine Kugel, die vor dem Ziel liegt, bedeutet immer ein Hindernis für den Gegner, selbst wenn sie nicht sehr nahe liegt. Wird diese Kugel aus Versehen angestoßen, kommt sie der Sau näher, wird also

besser. Jede Kugel, die vor der Sau liegt, hat Entwicklungspotential. Eine Kugel hinter der Sau kann sich dagegen nicht mehr entwickeln. Wird sie angestoßen, liegt die Kugel danach weiter weg von der Sau, wurde also schlechter. Außerdem hat sie die Kugel, die angeklopft hat, noch abgebremst, das heißt eine eigentlich schlechte Gegnerkugel besser werden lassen.

Das Dreieck drückt dieses Verhältnis aus. Liegt die Kugel weit weg von der Sau, ist sie immer noch gut, sofern sie im Weg liegt, das heißt, dem Gegner ein Hindernis für seine Legerkugeln darstellt. Je näher die Kugel der Sau kommt, desto mehr darf sie auch nach links oder rechts ein wenig abweichen, ohne gleich als verloren zu gelten. Nur eben dahinter gilt die Kugel aus den geschilderten Gründen als verspielt.

Mit einem Stock ritzen wir in den Sand ein Dreieck um die Sau und der Übungsaufbau steht. Nun müssen nur noch die Kugeln gespielt werden. Diese Übung lässt sich allein oder mit mehreren durchführen und auf verschiedene Weise variieren. Wenn mehrere spielen, kann man einen kleinen Wettbewerb daraus machen und Punkte vergeben für die Kugeln, die in dem Dreieck landen. Man kann die Säue auf verschiedene Distanzen legen, auf sechs, acht und zehn Meter. Jeder Spieler darf dann in einem Durchgang seine drei Kugeln auf die verschiedenen Distanzen legen.

Es lassen sich noch viele Variationen erfinden. Eines sollte bei dieser Übung jedoch immer im Vordergrund stehen: Die Kugel muss vor die Sau gespielt werden. Darauf kommt es an. Außerdem, und das gilt auch für die weiteren Übungen, ist derjenige schon gut, der zwei von seinen drei Kugeln ins Ziel bringt. Damit darf man zwar noch nicht zufrieden sein, doch wer diese Quote auch im Wettkampf bringt, gehört schon zu den Besseren. Eine Kugel ist zu wenig (also fleißig weiter üben), drei ist große Klasse (und wer so weitermacht, wird einmal Weltmeister!).

Zweite Übung: Donnée legen. Über die Bedeutung, ein Donnée zu finden und es dann auch zu treffen, haben wir schon einiges erfahren. Hier ist nun eine Übung, bei der wir gezielt lernen sollen, das Donnée zu spielen.

Wir zeichnen einen Kreis, aus dem gespielt wird. Zumindest anfangs verzichten wir ganz bewusst auf eine Sau. Ein solches Ziel soll uns nicht ablenken. Wir zeichnen mehrere Stellen am Boden. Wir können auch ein Blatt Papier hinlegen oder einen kleinen Reifen basteln, in den wir treffen müssen. Diese Markierungen verteilen wir in vier, sechs und acht Metern Entfernung vom Kreis. Zunächst werfen wir unsere drei Kugeln auf das kurze Donnée, danach alle drei auf das mittlere und dann auf das lange. Das üben wir solange, bis zwei Drittel der Würfe sicher gelingen. Auch hier, wie bei allen Übungen, können mehrere Spieler das Ganze als einen kleinen Wettkampf inszenieren, gegen einander antreten und Punkte vergeben. Später variieren wir die Übung. Nun werfen wir unsere erste Kugel auf das kurze Donnée, die zweite auf das mittlere und die dritte auf das lange. Wird das Zielen auf Papierstücke oder eingezeichnete Kreise zu langweilig, können wir auch Kugeln in die Données legen und versuchen, diese zu treffen. Das ist, auch wenn es so aussieht, immer noch keine Schussübung. Es geht darum, ein vorher definiertes Donnée zu treffen.

Dritte Übung: Donnée und Dreieck. Dies ist eine Kombination aus den ersten beiden Übungen. Wir machen das Dreieck etwas kleiner und das Legen dadurch schwieriger, dass wir nun vorschreiben, über welche Stelle die Kugel in das Dreieck gelangen soll. Wenn wir in der ersten Übung (Dreieck) ein Gefühl für Länge und Richtung entwickelt haben, in der zweiten (Donnée) gelernt haben, eine bestimmte Stelle des Bodens einigermaßen sicher zu treffen, so trainieren wir jetzt die Kugel so auf eine bestimmte Stelle zu platzieren, damit sie eine bestimmte Länge und Richtung einnimmt. Wir entwickeln dabei ein Gefühl, wie hoch, wie weit und wie kräftig ein Wurf ausgeführt werden muss.

Die praktische Anordnung ist einfach. Wir legen eine Sau (erst kurz, dann mittel, dann lang), zeichnen das Dreieck um sie herum, markieren uns bestimmte Stellen als Données und beginnen zu üben. Man kann diese Übung alleine ausführen. Gerade aber hier kann man sich vorstellen, dass sie zu zweit oder dritt mehr Spaß macht, und sogar zu einem kleinen Trainingsspiel werden kann. Erst markiert der eine die Données, auf die natürlich beide legen müssen, dann der andere. Hinterher zählen die gültig gelegten Punkte. Wer verloren hat, muss einen ausgeben!

Vierte Übung: Hindernislegen. Zwischen dem Kreis und der Sau bauen wir ein Hindernis auf, so dass wir nicht auf die einfachste und nahe liegenste Weise unsere Kugel platzieren können. Ein solches Hindernis können Kugeln sein, Steine oder -der Einfachheit halber -ein Balken. Diese Übung sollten wir so variieren, dass wir an der Beseitigung unserer Schwächen arbeiten.

Die meisten spielen zu Beginn ihrer Boule-Karriere die Kugeln eher flach. Das ist in den meisten Fällen auch gut so, doch es hindert oft, die Kugeln ins Ziel zu bringen, weil eben Hindernisse im Weg liegen.

Also legen wir einen Balken nach etwa zwei Drittel der Strecke vom Kreis zur Sau, und schon bleibt dem Spieler nichts anderes übrig, als hoch darüber weg zu spielen. Alle anderen Kugeln würden hängen bleiben. Jeder, der ein Hochportée beherrschen will, kommt um den Balken als Trainingsgerät nicht herum. Mit dieser Übung können wir auch an anderen Schwächen arbeiten. Wir hatten es schon angesprochen, dass die wenigsten Spieler ihre Kugeln gerade spielen. Fast immer schleicht sich der eine oder andere ungewollte Drall ein. Von rechts oder von links. Und genau da legen wir das Hindernis hin. Nun bleibt uns nichts anders übrig, als auf unsere Handhaltung, auf das Gelände, eben auf alles zu achten, um die Kugel daran vorbei zu spielen. Natürlich setzt eine solche Übung voraus, dass man seine Schwächen kennt. Deshalb sei auch hier empfohlen, diese Übungen als Paar oder in der Gruppe zu machen, um sich gegenseitig mit Kritik zu unterstützen. In Spielgemeinschaften oder Vereinen leistet bisweilen auch ein Trainer gute Dienste.

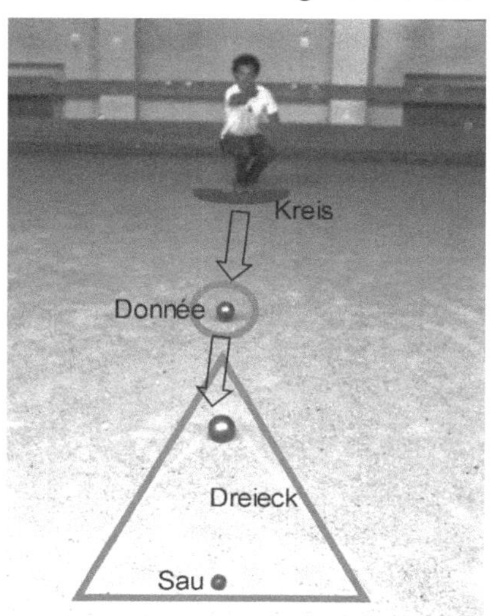

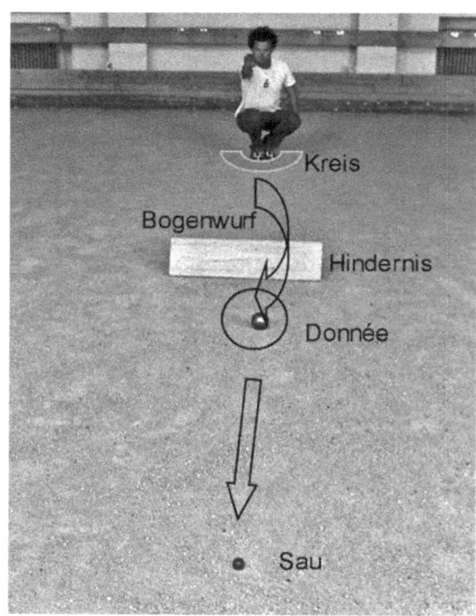

Abbildung 17: Übungen für Leger: Dreieck und Hindernis

Fünfte Übung: Punkte legen. Die ersten Kugeln einer Aufnahme sind immer taktischer Art. Daher spielte das Dreieck in den Übungen zuvor eine große Rolle. Die taktischen Kugeln müssen vor allem vor der Sau liegen. Die Kugeln, die am Ende einer Aufnahme gespielt werden, sind nicht immer, aber oft, Kugeln, die Punkte bringen sollen. Das heißt, die ersten Kugeln haben durch Schießen oder taktisches Legen die Situation erzeugt, in der nun die Ernte eingefahren werden soll. Doch dazu müssen die verbliebenen Kugeln in den Punkte-Bereich gelegt werden. Das ist nicht so einfach, weil das Spielfeld nicht mehr leer ist. Aus dieser Situation bezieht diese Übung ihren Sinn.

Anders als die Eröffnungskugel darf diese Kugel nicht zu kurz sein, sie brächte dann keinen Punkt ein und läge außerdem der nächsten Kugel auch noch im Weg. Sie darf aber auch nicht zu dynamisch gespielt werden, denn sonst könnte sie Unheil anrichten, etwa die Sau verschieben, eine gegnerische Kugel zum Punkt schubsen oder was sich sonst noch als Unglück denken lässt. Hier müssen wir alle unsere Legetechniken, die wir vorher geübt haben, **sinnvoll** einsetzen.

Für die Übung denken wir uns Spielsituationen aus und legen die Kugeln entsprechend um die Sau. Wir können natürlich auch Spielsituationen, die wir erlebt haben, nachbauen und so noch einmal durchgehen. So basteln wir uns ein „Bild“, wie das in der Boule-Sprache genannt wird. Solche Bilder sind in der Boule-Szene und neuerdings in der Boule-Literatur sehr beliebt, man kann darüber diskutieren wie über Schachrätsel. Was ist zu tun? Theoretisch ist das fast immer ziemlich einfach, uns geht es hier aber darum, die Kugeln in der Wirklichkeit so zu legen, wie wir uns das theoretisch ausgedacht haben.

Ein gutes Hilfsmittel, und natürlich nur im Training erlaubt, ist die Visualisierung der Möglichkeiten. Denn manchmal sieht das Bild viel enger aus, als es tatsächlich ist. Nimmt man aber einen kleinen Stock und zeichnet einen Kreis um die Sau, dessen Durchmesser von der besten Gegnerkugel bestimmt wird, kennzeichnet also deutlich sichtbar den Bereich, innerhalb dessen die eigenen Kugeln punkten würden, dann tun sich neue Perspektiven auf. Dieser Bereich ist fast immer deutlich größer als man zunächst annahm. Vor allem zeigen sich auf einmal ganz neue Wege zum Punkt (nicht zur Sau!). Die Sau ist jetzt nicht mehr der Maßstab, man muss ihr nicht mehr nah kommen, sondern nur besser sein, als die beste Gegnerkugel. Auf einmal ist von links oder rechts her alles offen, ganz neue Möglichkeiten tun sich auf. Dies ist zunächst nur eine Sache des Hinsehens. Auch das muss trainiert werden. Danach freilich müssen die optischen Einsichten technisch umgesetzt werden. Auch hier ist es wieder von Vorteil, wenn mehrere miteinander trainieren. Der eine stellt die Aufgabe, der oder die anderen müssen sie lösen und umgekehrt.

6. Schießen - die mentalen Voraussetzungen

Anfänger schießen nicht gerne. Der Grund ist einfach: Sie treffen nicht, und daher halten sie jede Schusskugel für eine verschwendete Kugel. Wenn Anfänger miteinander spielen, scheint diese Logik sogar einigermaßen berechtigt. Die Chance, mit einer gelegten Kugel den Punkt noch zu ergattern oder doch wenigstens einen Punktverlust zu reduzieren, ist tatsächlich eher gegeben als mit einem Schuss das Problem gewaltsam zu lösen. Das funktioniert aber nur, weil der Gegner diese eine Rettungskugel in der Regel eben auch nicht weg schießt, oder sie nur selten trifft, wenn er es denn probiert. Treffen Neulinge dann auf geübtere Spieler, empfinden sie es oft als Gemeinheit, wenn diese die nach langen Mühen und Versuchen endlich an die Sau platzierte Kugel mir nichts dir nichts weg katapultieren. Es soll daher sogar Gruppen geben, die spielen schon jahrelang mit den Eisenkugeln, ohne zu schießen. Man kann das so machen, aber das ist nicht das Boulespiel Pétanque, und es ist in etwa so sinnvoll wie ein Schachspiel, in dem man keine Figuren schlagen darf.

Erst mit dem Schießen bekommt das Spiel seinen Reiz, erst damit entwickelt Pétanque seine ganze taktische Reife und Raffinesse. Ohne Schießen macht das Spiel keinen Spaß. „Tirer“ (schießen) heißt es auf Französisch, und den Schießer nennt man entsprechend „Tireur“. Anders als das Legen, das (allerdings nur scheinbar) wie von selbst geht, ist Schießen für Anfänger (und nicht nur für diese) eine ernste technische Hürde. Es ist nicht leicht, mit einer Eisenkugel eine andere über eine Entfernung von sechs bis zehn Meter präzise zu treffen. Und das außerdem mit einiger Zuverlässigkeit.

Die besten Tireure bringen es auf eine Trefferquote von deutlich über 90 Prozent. Es ist klar, dass zu einer solchen Präzision eine Menge Training nötig ist. Französische Spitzenspieler haben sogar einen bizarren Weltrekord aufgestellt. 1000 Schüsse müssen in weniger als einer Stunde absolviert werden! Dabei treffen die Besten über 990 Mal. Da können wir Normalsterblichen, die nicht schon als Kinder von ihrem Vater sonntagmorgens zum Bouleplatz mitgenommen wurden, nur mit großen Augen dabei stehen. Aber verloren ist deshalb noch nichts. Wer etwas Talent mitbringt, Geduld und Ausdauer beweist, der kann es auch im fortgeschrittenen Alter beim Schießen noch zu etwas bringen. Nach zehntausend Schüssen soll man allmählich ein guter Schießer werden, sagen manche. Andere glauben erst nach dreißigtausend Schuss stellt sich der Erfolg ein. Wie auch immer, wer gut schießen will, der muss üben. So viel steht fest.

Aber zum Schießen gehört noch mehr. Man muss es wollen. VollblutTireure freuen sich, wenn der Gegner eine gute Kugel gelegt hat, denn dann dürfen sie schießen. Es ist auch eine Temperamentsfrage. Nicht jedem liegt diese Lust zur Destruktfon, dieses „Die Kugel muss weg, koste es was es wolle!". Risikobereitschaft ist außerdem gefragt, denn wenn der Tireur daneben schießt, Bouler sagen „ein Loch macht" (im Boden), ist seine Kugel komplett aus dem Spiel. Und ein oder zwei Löcher sind selbst bei guten Spielern nicht eben selten. Dann kann der Tireur mit hängenden Schultern weit weg vom Spielgeschehen seine Kugeln einsammeln und hat in dem Durchgang überhaupt nichts bewirkt. Dabei müssen die Schüsse nicht schlecht gewesen sein. „Knapp daneben ist auch vorbei" sagt der Volksmund und spricht dabei so manchem Schießer aus dem Herzen.

Anders als beim Leger, dessen Kugel immer noch gut ist, selbst wenn sie nicht völlig optimal gelaufen ist (sie liegt dann eben 20 Zentimeter links vor der Sau und nicht zehn Zentimeter genau davor), gibt es für den Schießer nur Treffer oder Loch, Gloria oder Versagen! Auch lässt sich bei ihm anders als beim Leger keine Kugel schön reden. Man kann aus taktischen Gründen kurz, weit rechts oder links oder sogar dahinter legen und immer so tun, als ob die zu kurzen oder zu langen Kugeln absichtlich genau so gespielt worden wären. Ein taktisches Danebenschießen aber gibt es nicht. Auch ein schwerer Boden kann nicht als Ausrede herhalten. Wer in den Kreis geht, um zu schießen, der steht gnadenlos auf dem Prüfstand. Nicht jeder mag das.

Auf der anderen Seite: Ein Treffer wird immer hoch anerkannt, Beifall und Abklatschen sind die Folge, fast immer bringt ein Treffer der eigenen Mannschaft einen Vorteil oder rettet sie aus einer Notlage. Außerdem liegen die Kugeln, die daneben gingen, weit weg und sind nicht im Spiel. Man sieht sie nicht und sie sind also auch schnell vergessen. („Zu schnell!", denkt so mancher Leger, dessen schlecht gespielte Kugeln die ganze Aufnahme hindurch liegen bleiben und wie ein stummer Vorwurf wirken.)

Jeder Boulespieler wird sich entweder mehr zu der einen oder zu der anderen Seite hingezogen fühlen. Als kompletter Spieler versucht man jedoch sowohl Leger wie Tireur zu sein. Oft tauscht man auch die Rollen im Laufe eines Boule-Lebens. Mit Legen fängt fast jeder an, um sich dann später die Fertigkeiten des Schießens beizubringen. Schon deshalb, weil selbst bei geringem Niveau kaum eine Partie ohne den einen oder anderen gelungenen Schuss zu gewinnen ist. Daher ist es wichtig zu schießen, selbst wenn man noch nicht im Vollbesitz der technischen Fertigkeiten ist.

Wer ein guter Spieler werden will, sollte, wenn die Taktik einen Schuss nahe legt, immer schießen -selbst dann, wenn er wenig Hoffnung hat, zu treffen. Erstens beweist er damit eine bestimmte taktische Reife (was den Gegner beeindrucken kann) und, zweitens, ist jeder Schuss, selbst wenn er daneben geht, eine Investition in zukünftige Spiele. Irgendwann wird die Trefferquote besser und die Chance, als Sieger vom Platz zu gehen, auch. Mir imponiert ein Anfänger, der mit dem Impuls „Diese Kugel muss weg!“ in den Kreis geht und vielleicht plump daneben schießt, mehr, als einer, der aus Angst vor dem Loch und der Blamage „lieber erst mal eine legt“.

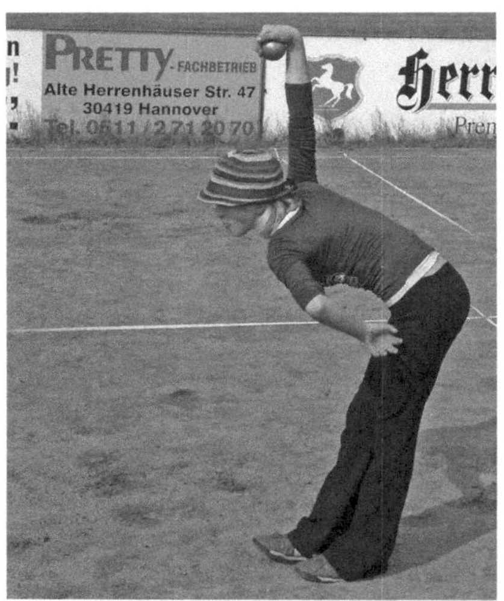

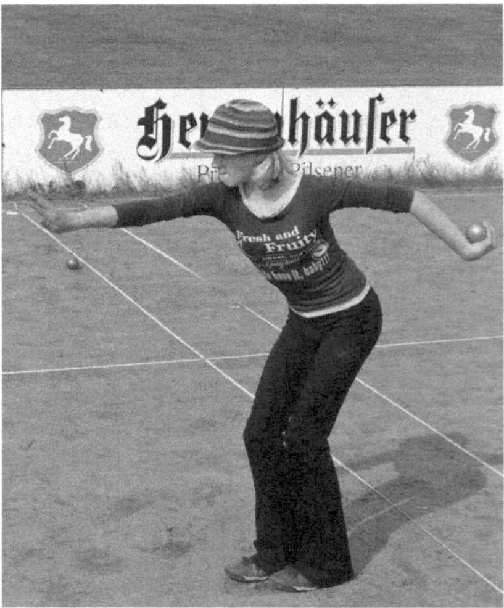

Abbildung 18: Jugend, Eleganz und Wille - Studie der Nachwuchsschießerin Michelle Ehrlichmann aus Berlin bei den Deutschen Meisterschaften Doublette in Hannover.

7. Grundformen des Schießens

Wie beim Legen gibt es auch beim Schießen drei Grundtechniken. Der direkte Schuss auf Eisen („Tir au fer“ heißt das auf Französisch), der Schuss davor („Tir devant“), manchmal in der Boule-Szene auch „Schrappschuss“ genannt, und der Flachschuss („Raclette“ oder „Tir à la rafle“).

Das sind technische Unterscheidungen. Die Regeln des Pétanque‘ schreiben beim Schießen nicht vor, wie und auf welche Art die Kugel zu treffen sei. Andere Kugelspiele sind dort viel strenger. Zum Beispiel wird bei dem in Frankreich ebenfalls populären Boule Lyonnaise ein Schuss sofort ungültig, wenn die Schusskugel mehr als 50 Zentimeter vor der zu schießenden Kugel aufkommt. Flachschüsse sind dort also nicht erlaubt. Auch beim italienischen Boccia ist das Schießen streng nach den verschiedenen Arten reglementiert. Es gibt dort Flach-und Direktschüsse, die müssen jeweils vorher angekündigt und genau so durchgeführt werden, wenn sie gelten sollen.

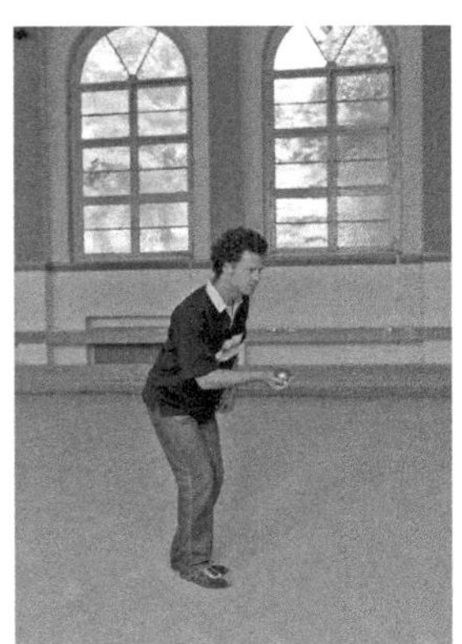
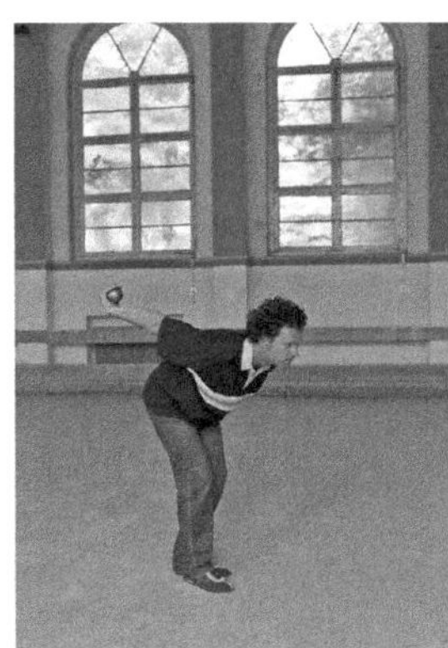
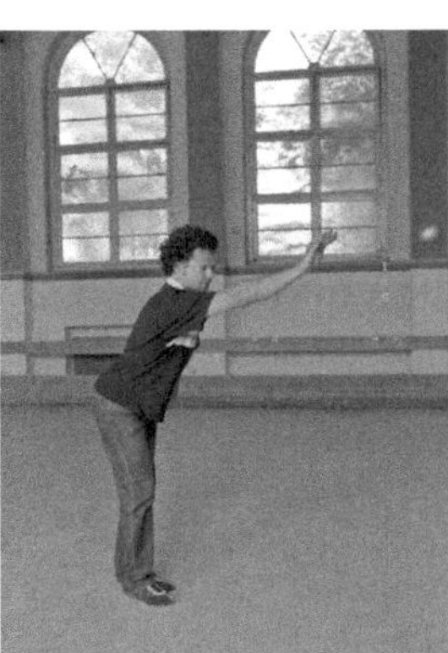

Abbildung 19: Konzentration zum Schuss: sammeln, ausholen, loslassen

Bei unserem Pétanque haben wir es dagegen relativ einfach. Der Spieler muss -wie immer -nur mit beiden Beinen im Kreis stehen; die Füße beim Wurf müssen am Boden bleiben. Ansonsten ist es völlig egal, wie jemand die Kugel ins Spiel bringt, und es gilt auch alles, was diese Kugel anrichtet. Wer aus Versehen auf die eigene schießt, muss damit leben, dass die dann weg ist. Und wenn die Kugel ungeschickt aus der Hand rutscht, aber für die eigene Mannschaft nur Gutes bewirkt, dann hat man eben Glück gehabt.

Der Eisenschuss (Tir au fer). Der direkte Schuss auf die Kugel ist beim Pétanque eigentlich der häufigste. Allerdings nur wenn wir ein wenig tolerant sind, und alle Schüsse, die kurz vor der zu treffenden Kugel einschlagen, auch als Eisentreffer werten. Denn die meisten dieser Schüsse sehen nur aus, als ob sie direkt aufs Eisen schlagen würden. Meistens sind sie fünf bis zehn Zentimeter kürzer, schlagen in den Boden und treffen die andere Kugel im ersten Moment des Abstoßes vom Untergrund. Oder sie treffen den Boden und die Kugel gleichzeitig, was beinahe schon optimal ist. Der reine Eisentreffer ist eher selten und auch nicht immer geboten. Nur bei sehr schwierigem Terrain, bei dem die Kugel extrem hüpft und bei Bodenberührung sofort über das Ziel hinausschießen würde, muss der Tireur wirklich auf den Millimeter genau auf die Kugel zielen. „Geh auf Eisen!“, rufen ihm die Mitspieler zu. Als ob das so einfach wäre.

Wie immer sollte der Schiesser locker im Kreis stehen. Konzentration ist äußerst wichtig. Daher haben sich viele Tireure ein Ritual ausgedacht, bevor sie zum Schuss ansetzen. Der eine geht vom Kreis zur Kugel, umrundet sie und geht wieder zurück, der andere hält die Kugel vor das Auge und „zielt“ (was mit dem eigentlich Wurf nichts zu tun hat), wieder andere zupfen sich an der Nase und reiben die Kugel noch mal mit dem Lappen was auch immer. Das mag bisweilen komisch aussehen, hat aber seinen Sinn. Das immer gleiche, kleine Ritual soll dem Tireur helfen, sich in die Situation zu versetzen, die ihm einen Treffer bescheren kann. Es ist ein psychologisches Mittel, das aber zur Technik des Schießens gehört. Nicht jeder macht das, aber bei genauerer Beobachtung werden Sie entdecken, dass gute Tireure fast immer ein solches, wenn auch nicht immer offensichtliches Ritual pflegen.

Allerdings sind wir gerade dabei, das Pferd von hinten aufzuzäumen. Denn das Ritual steht nicht am Anfang einer Schiesser-Karriere, sondern entwickelt sich langsam und ist der Abschluss des eigenen Schussstils. Bis zu dem ist es aber noch ein langer Weg.

So gut wie immer schießt man aus dem Stehen. Ausnahmen sind sehr selten, etwa wenn ein groß gewachsener Mensch auf vier Meter schießen muss. Aber wann kommt das schon vor? Die Kugel liegt so in der Hand, wie wir es ganz zu Beginn dieses Kapitels schon beschrieben haben. In der Kugelhaltung unterscheiden sich Schießen und Legen nicht. Die Füße stehen locker, vielleicht ein wenig angewinkelt, der rechte Fuß etwas weiter vorne (beim Rechtshänder), der große Zeh zeigt in die Richtung der zu schießenden Kugel. Der Oberkörper beugt sich leicht nach vorne, die Knie elastisch und leicht gebeugt unterstützen die Bewegung, die jetzt der Arm weit nach hinten macht, um in einem Halbkreis möglichst gerade nach vorn zu schwingen. Die Hand lässt die Kugel etwas oberhalb der Hüfte und noch vor der Brust los. Wo genau, hängt unter anderem davon ab, wie weit wir schießen müssen. Jetzt sollte die Kugel in einem Bogen auf unser Ziel zufliegen und - treffen.

Viele setzen Kraft beim Schießen ein. Aber die ist nicht nötig. Der Armschwung reicht völlig aus, um die Kugel bis zu zehn Meter weit zu tragen. Frauen sind daher auch beim Schießen nicht benachteiligt. Und tatsächlich sieht man immer häufiger auf den deutschen Bouleplätzen Frauen, die sehr ordentlich schießen, völlig ohne Kraftanstrengung.

Es gibt natürlich mehrere Methoden, eine solche Bewegung wie das Schießen auszuführen und sich anzueignen. Was wir zeigen, ist eine Grundrichtung, die jeder für sich ausbauen kann. Oft sieht man zum Beispiel, dass Schiesser den Arm nicht gerade nach hinten schwingen, sondern ihn hinter dem Rücken schräg heraus ziehen. Sie wollen damit der Kugel einen bestimmten Drall verschaffen, der im besten Fall dafür sorgen soll, dass die Schusskugel möglichst nahe an der Stelle liegen bleibt, wo sie trifft. Einen Rückdrall kann man allerdings auch mit dem Handgelenk mitgeben, ohne dabei den ganzen Arm verdrehen zu müssen. Es ist eine Übungs-und Stil-Frage. Im Wesentlichen kommt es darauf an, dass Auge und Bewegung eins sind.

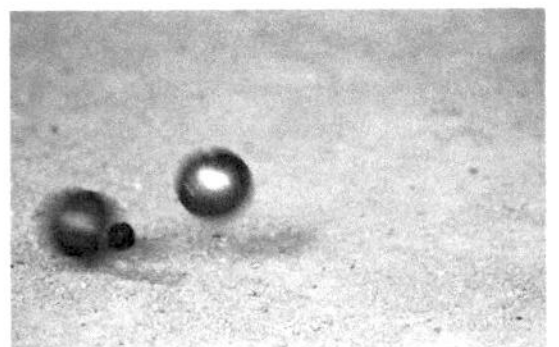
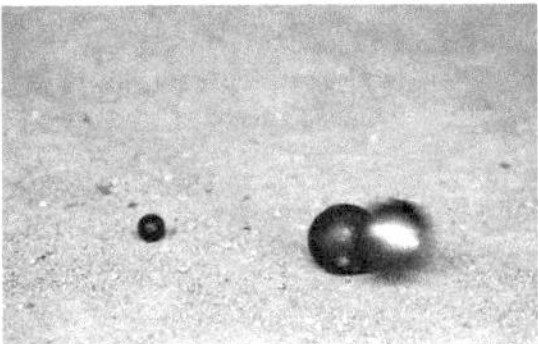
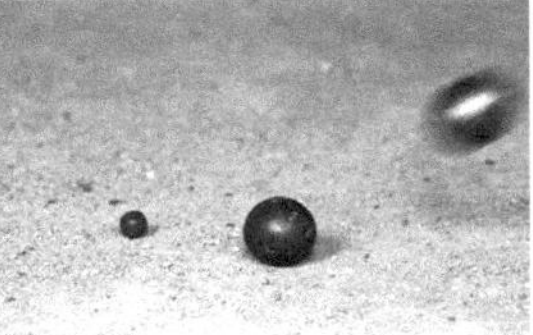

Abbildung 20: Kommt eine Kugel geflogen, der Bewegungsablauf eines perfekten Eisenschusses (von rechts nach links).

Der perfekte Eisenschuss endet mit einem so genannten **„Carreau sur place“**. Die Gegnerkugel verschwindet und genau an dieser Stelle bleibt die Schusskugel liegen. Für Anfänger ist das ein bisweilen so überraschender Effekt, dass sie ihn gar nicht realisieren. Sie haben es dann zwar krachen gehört, aber scheinbar ist nichts passiert. Denn wo vorher eine Kugel lag, liegt ja immer noch eine. Schöner noch ist der Effekt, wenn die Gegnerkugel hell ist, die des Tireurs aber dunkel oder umgekehrt. Dann sieht es so aus, als ob durch Zauberhand die Farbe gewechselt hätte. „Tausch die Farbe!“, hört man daher bisweilen als Anfeuerung für den Tireur oder einfach nur: „Austauschen!“

Physikalisch ist dieser wundersame Effekt leicht zu erklären. Es findet ein Impulsaustausch statt. Die Schusskugel trifft die fremde so exakt, dass die gesamte Energie auf diese übergeht. Die Schusskugel, nun ohne jede Energie, bleibt regungslos liegen, die fremde fegt mit Carracho davon. Es ist dies der gleiche Effekt, den man auch bei dem beliebten Bürospielzeug beobachten kann, bei dem mehrere Kugeln an einem Seil hängend, einmal in Schwingung gebracht, sich gegenseitig jeweils ihre Energie übertragen. Die eine schwingt, trifft die andere, bleibt dann stehen und die andere schwingt weiter.

Aber nicht nur wegen des sensationellen Effekts ist das Carreau sur place ein schöner Schuss. Er bringt auch taktisch gesehen einen großen Vorteil. Denn eine gut gelegte Gegnerkugel ist verschwunden, die eigene liegt stattdessen an deren Stelle. Mit einer solchen Aktion hat der Tireur eine Kugel quasi doppelt gespielt: er hat geschossen und gelegt (siehe auch Kapitel „Taktik“, Mikrotaktiken).

„Carreau sur place“ nennt man den direkten Austausch der Kugeln. Von einem „Carreau“ spricht man noch, wenn die Kugel sehr nah im Bereich der geschossenen liegen bleibt. Bleibt die Schusskugel in einem größeren Abstand liegen, ist aber immer noch deutlich näher zur Sau als die geschossene, so spricht man von einem „Palet“. Das ist aus taktischen Gründen nicht unwichtig, denn ein Palet kann einen Punktanspruch begründen oder zumindest ist die Kugel, die geschossen wurde, nun nicht mehr spielrelevant, sondern eben die Schusskugel.

Treffer ist also nicht gleich Treffer. Schieße ich eine Kugel, und treffe sie so, dass sie zwar weggeht, aber immer noch näher liegt als meine Schusskugel, dann habe ich nur die Mindestanforderung erfüllt: nämlich diese Kugel aus ihrer guten Position entfernt. Jetzt muss immer noch der Punkt erobert werden. Das gleiche gilt, wenn beide Kugeln im Aus landen. Aber immerhin ist dann die Gegnerkugel eliminiert und kann zu keinem Punkt mehr werden. Schieße ich ein weites Palet, etwa so, dass die Gegnerkugel fünf Meter von der Sau entfernt ist oder sogar im Aus, und meine Kugel zwei Meter von der Sau liegt, dann habe ich den Punkt erobert, und diese Kugel verbessert. Für den Gegner ist es zwar nicht schwer, eine Kugel besser als zwei Meter an die Sau zu legen, aber er muss es immerhin tun und dafür eine Kugel opfern. Theoretisch kann ich diese Kugel wieder wegschießen und bleibe wieder näher liegen als die geschossene, dann habe ich immerhin schon zwei Punkte am Boden. Je enger das Palet wird, je mehr es sich dem Carreau annähert, desto besser wird der Schuss, weil er dem Gegner mehr Probleme bereitet. Genau aus diesem Grund ist es wichtig, so zu schießen, dass man „liegen bleibt", wie Boule-Spieler sagen. Natürlich ist unser Ziel in erster Linie der Treffer. Doch er allein bleibt auf Dauer unbefriedigend. Wer eine hochklassige Partie verfolgt, wird sehen, dass diejenige Mannschaft gewinnt, deren Schüsse eher liegen bleiben.

Der Schuss davor (Tir devant). Im Prinzip ist diese Schussart dem Eisenschuss ganz ähnlich. Oft sollte der Wurf sogar ein Eisenschuss werden, war aber zu kurz angesetzt und hat trotzdem getroffen. „Ziemlich geschrappt", murmelt dann das Publikum. Der Übergang vom Eisenschuss zum engen Tir devant bis zum schlecht beleumundeten Schrappschuss ist fließend.

Die Nachteile des Schrappschusses liegen auf der Hand: da er einen halben bis einen Meter vor der Kugel aufkommt, ist dieser Schuss deutlich unpräziser als der Eisenschuss, denn er muss noch einen Teil des unberechenbaren Bodens hinter sich lassen. Manchmal hüpft die Kugel und hüpft dann eben über das Ziel hinaus. Ist der Boden schwierig und weist viele Steine auf, wird man mit dem Davorschießen nur wenig zustande bringen. Aber nicht immer ist der Boden so schwer. Manchmal lädt er geradezu zum Tir devant ein. Die meisten Schiesser lassen sich dann nicht lange bitten.

Denn der Schuss davor hat auch Vorteile. Er folgt dem Merksatz „Nur ein dummer Tireur schießt drüber!". Bei dem Eisenschuss passiert es natürlich öfter, dass der Schuss hinter der Kugel aufkommt und nichts bewirkt. Wer davor bleibt, soll der Merksatz sagen, hat selbst bei einem schlechten Schuss immer noch die Chance, einen Treffer zu landen, was nie der Fall sein wird, wenn man zu lang schießt. Daher sind ja auch beim Eisenschuss die Treffer immer ein klein wenig vor der Kugel platziert.

Drücken wir es mathematisch aus. Die Kugel beschreibt eine Flugbahn, die sich mit den Koordinaten x und y beschreiben lässt. Die Koordinaten bezeichnen dabei die Länge und die Richtung. Die Kugel, die wir treffen wollen hat dabei genau festgelegte x- und y-Werte, sie liegt ruhig da. Bei einem exakten Eisentreffer fliegt unsere Kugel genau so, dass sie am Ende des Fluges die gleichen x- und y-Werte einnimmt wie die zu treffenden Kugel. Bei einem Schrappschuss machen wir uns die Sache leichter. Die Richtungskoordinate x müssen wir natürlich exakt einhalten, sonst kann es keinen Treffer geben; y aber, die Koordinate für die Länge, halten wir flexibel. Je nach Bodenbeschaffenheit kommt es eben auf zwanzig, dreißig, vierzig Zentimeter nicht an. Es ist klar, dass ein solcher Schuss leichter ist, als wenn wir uns auf beide Koordinaten exakt konzentrieren müssen.

Der Flachschuss (Raclette oder à la rafle). Besonders vornehm ist der Flachschuss nicht, daher sagen manche Boule-Spieler: „Raclette - das ist doch Käse!" Und angeblich hat der Ausdruck für den flachen Schuss mit dem bei Franzosen beliebtem Käse-Essen zu tun. So wie der Käse mit der Harke abgezogen wird, so soll die Kugel über den Boden „abziehen". Tir El la rafle ist ein Gewaltschuss. Die Kugel wird weit vor dem Ziel auf den Boden aufgesetzt und rast dann wie ein Torpedo über das Gelände in die fremden Kugeln hinein und richtet möglichst viel Schaden an. So wirkt es zumindest auf den ersten Blick. Der Flachschuss ist häufig die Variante, mit der sich Anfänger ihr Recht in der Offensive verschaffen. Denn er ist weit effektiver als ein nicht gekonnter Eisenschuss. Allerdings ist das Raclette auch sehr eingeschränkt. Sobald ein Hindernis vor der zu treffenden Kugel liegt, scheidet diese Schussart aus. Es reicht, eine oder zwei Kugeln weit davor im Weg zu lassen, und schon kann der Neuling seine Schusskünste nicht mehr anbringen.

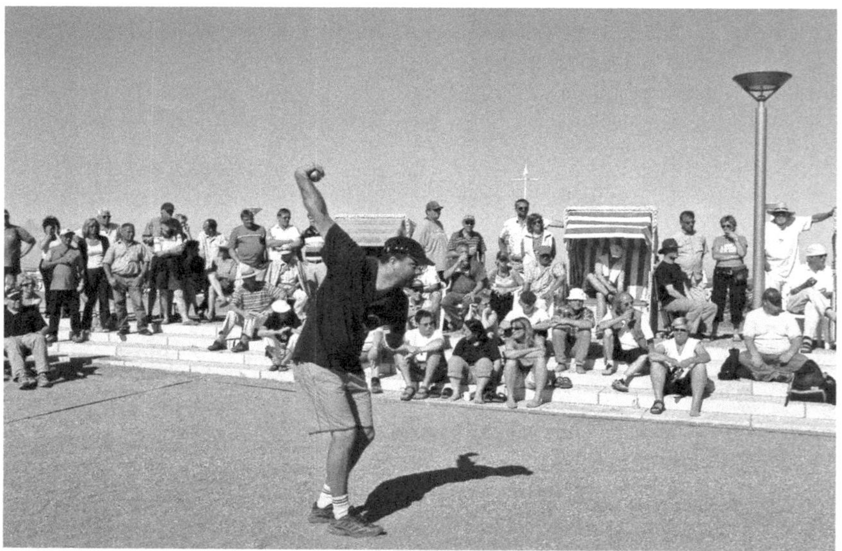

Abbildung 21 : Tireur im Einsatz. Christian Hempel aus Berlin auf der Deutschen Meisterschaft in Travemünde

Doch wer glaubt, dass á la rafle nur für Anfänger wäre, der täuscht sich. Der gezielte Flachschuss gehört in das Repertoire eines jeden guten Pétanque-Spielers. Und er ist - entgegen dem Vorurteil - kein einfacher Schuss. Ohne Training erzeugt er wirklich nur das Chaos, das wir von schießenden Anfängern kennen. Das Raclette ist dem

Legen verwandt, deshalb ist es auch häufig die Schussvariante der eingefleischten Leger. Wichtig: Ohne ein geeignetes Donnée wird aus dem Flachschuss nichts.

Da die Kugel über den Boden gleitet, muss sie über ein hohes Tempo, also über viel Energie verfügen, so dass sie nicht von jedem kleinen Steinchen aus der Bahn gebracht wird. Je kräftiger die Kugel geworfen wird, desto gerader wird sie bleiben. Allerdings ersetzt die Kraft nicht das Zielen und das sorgfältige Auswählen des Données.

Ist der Eisenschuss filigran und operiert wie mit dem Skalpell eine Kugel aus dem Bild, lässt aber ansonsten alles andere möglichst unbeschadet liegen, so ist der Flachschuss ein Säbel, mit dem man drein haut, um vieles zu bewegen. Vielleicht zwei oder sogar mehr Kugeln mit einem Schlag zu beseitigen, oder auch Optionen auszuspielen: Entweder ich treffe die Sau oder die Kugel oder beide. Denn durch den Bodenkontakt vibriert dieser Schuss ein wenig und wirkt daher wie ein Dumdum-Geschoss. Vor allem wenn es darum geht, die Sau zu schießen, greifen viele Spieler auf den Flachschuss zurück.

Und noch einen Effekt hat der Flachschuss, einen eher taktischen: Er ärgert den Gegner. Wer viele Treffer mit flachen Schüssen markiert, bringt den „Schönschiesser“ auf der anderen Seite manchmal zur Verzweiflung. Vor allem dann, wenn er selbst nicht so gut trifft. Oft probiert er es dann auch à la rafle - kann es aber nicht. Schon sind wir im Vorteil. Schön ist das nicht, aber effektiv.

8. Training: Fünf Übungen für Schießer

Erste Übung: Lege- und Schießübung zum Aufwärmen. Für diese Übung brauchen wir keine besonderen Aufbauten oder andere Einrichtungen. Wir nehmen lediglich unsere drei Kugeln und eine Sau. Die Sau werfen wir zunächst auf etwa sechs Meter. Das ist schon ein Teil der Übung: die Sau kontrolliert auf eine bestimmte Distanz zu werfen. Danach legen wir eine Kugel möglichst nah an. Diese schießen wir dann weg. Ist die zweite Kugel schon ein Treffer, legen wir mit der dritten. Ging sie aber daneben oder war der Schuss gar ein Carreau, dann schießen wir mit der dritten wieder. Das machen wir solange, bis wir uns einigermaßen auf sechs Meter eingelegt und eingeschossen haben, dann werfen wir die Sau auf sieben bis acht Meter und trainieren auf die gleiche Weise in dieser Distanz. Danach gehen wir auf neun bis zehn Meter.

In dieser kleinen Übung ist eigentlich fast alles enthalten, was wir technisch beim Boule-Spiel brauchen. Daher eignet sie sich hervorragend für kleine Trainingseinheiten zwischendurch, zum Aufwärmen vor einem Turnier oder bevor wir anfangen mit unseren Freunden zu spielen.

Sie können in dieser Weise sowohl den Eisenschuss wie den Flachschuss üben. Allerdings sollten Sie, zumindest anfangs, entweder das eine oder das andere tun, und nicht beides vermischen. Denn die Bewegungsabläufe und auch die Übung fürs Auge (Distanzen abschätzen) sind so unterschiedlich, dass Sie nur durcheinander kämen. Wichtig bei der Übung ist, konzentriert vorzugehen. Die Kugeln einfach nur so hinzuschmeißen, hat wenig Trainingseffekt. Achten Sie außerdem darauf, wirklich mit einem kurzen Abstand zu beginnen, den Sie dann langsam verlängern. So beginnen Sie mit dem leichteren Teil, holen sich hier schon Erfolgserlebnisse, und steigern dann Stück für Stück den Schwierigkeitsgrad.

Zweite Übung: Flach schießen. Für diese Übung wie auch bei den folgenden sollten Sie über mehr Kugeln als nur ihren Satz verfügen. Es müssen ja keine guten Kugeln sein, denn sie dienen nur als Ziel. Ihre drei Kugeln, mit denen Sie für gewöhnlich spielen, sollten auch die Kugeln sein, mit denen Sie die Übung exerzieren. Gewöhnen Sie sich an „Ihre" Kugeln und freunden Sie sich mit ihnen an. Ein gutes Verhältnis zum Spielgerät gibt Ihnen im Spiel zusätzliche Sicherheit.

Diese Übung soll Sie mit den Möglichkeiten des Raclettes vertraut machen, und Ihnen näher bringen, was man damit alles anstellen kann. Beginnen Sie am besten damit, einzelne Kugeln in verschiedenen Entfernungen aufzustellen und dann flach abzuschießen. Es ist nicht so leicht, wie man zunächst denken würde. Achten Sie dabei auf den Boden und darauf, dass Sie immer wieder ein gutes Donnée aussuchen, auf das Sie mit Ihrem Schuss aufsetzen. Am besten, Sie markieren die Stelle und schauen hinterher, ob darauf der Abdruck Ihrer Kugel zu sehen ist.

Wenn das einigermaßen klappt, gehen wir zum zweiten und eigentlichen Teil des Flachschusstrainings über. Nun stellen Sie bestimmte Situationen nach. Es sollten immer enge Situationen sein. Zum Beispiel eine Kugel, die seitlich die Sau berührt. Schießen Sie auf dieses Set und versuchen Sie sowohl die Kugel wie die Sau zu entfernen. Oder Sie drapieren mehrere Kugeln eng um die Sau, die einen gehören zu Ihrem (gedachten) Team, die anderen zum Gegner. Jetzt versuchen Sie das Bild mit einem kräftigen Flachschuss „aufzumischen". Machen Sie das mehrere Male hintereinander mit dem identischen Bild, und beobachten Sie genau, was passiert. So bekommen Sie ein Gefühl dafür, was Sie mit Ihren Aktionen alles bewirken oder umge-

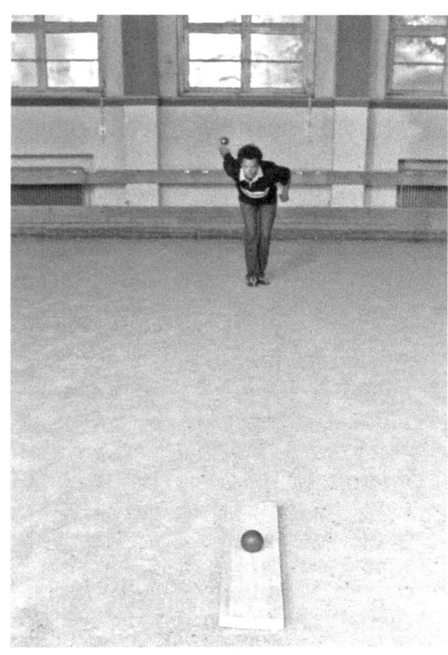

Abbildung 22: Übung für Eisenschießer. Eine Kugel wird auf ein Brett gelegt und dann auf sie geschossen. Das Holz bewirkt, dass nur echte Eisentreffer Wirkung zeigen, ansonsten springt die Kugel weg. Statt Holz können Sie auch eine Gummimatte oder ähnliches Material nehmen.

kehrt auch anstellen können. Außerdem lernen Sie ganz nebenbei, wie sich Kugeln bei Karambolagen verhalten.

Zum Abschluss der Übung schießen Sie auf eine allein liegende Sau. Ziel ist, diese möglichst weit zu entfernen. Das ist eine schwere Übung, und die Trefferquote dürfte gering sein. Trotzdem sollten Sie das üben, denn es kommen immer wieder Spielsituationen, in denen Sie die Sau treffen müssen. Dann ist es gut, zu wissen, dass das zwar schwer, aber nicht völlig unmöglich ist.

Dritte Übung: Bilderschießen. Sie brauchen wenigstens sechs Kugeln. Ihre drei Spielkugeln und weitere drei als Ziele. Besser, Sie haben noch ein paar mehr dabei. Nun legen Sie drei in eine Reihe nebeneinander und schießen sie nacheinander weg, von links nach rechts und dann von rechts nach links, und danach immer nur die in der Mitte. Die Reihenfolge ist eigentlich egal, es muss nur klar sein, welche Kugel zu treffen ist. Sagen Sie innerlich zu sich: „Erst die linke, dann die mittlere, dann rechts!“ -und führen Sie es dann genau so aus. Registrieren Sie deutlich, wenn Sie die Nachbarkugel treffen. Denn im Spiel wäre ein solcher Fehlschuss eine Katastrophe (es wäre die eigene Kugel weg). Am besten, sie wiederholen in einem solchen Fall die Übung gleich noch einmal.

Der Sinn der Übung besteht darin, die Angst vor eng liegenden Kugeln zu verlieren und die Präzision der Schüsse zu erhöhen. Im Spiel liegen fast alle Kugeln eng. Und oft spielt die Angst, die eigene Kugel zu treffen, eine Art Self-Fullfilling-Prophecy. Wenn wir im Training relativ locker enge Kugeln weg schießen, dann bleibt auch im Spiel irgendwann die Angst aus. Außerdem werden wir durch das Bilderschießen zu einem ausgeprägten Eisenschuss angehalten. Anfangs legen wir die Kugeln noch nebeneinander, können sie also auch mit Schrapp- oder Flachschüssen treffen, später ordnen wir die Kugeln hintereinander an. Jetzt müssen wir mit einem Bogenschuss auf Eisen gehen.

Wir beginnen wieder mit einfachen Anforderungen und steigern uns langsam. „Einfach“ meint, die Kugeln liegen nebeneinander auf sechs Metern. Diese Übungsanordnung erschweren wir, indem die Distanz länger wird: von sechs auf acht, von acht auf zehn. (Wer sich anfangs schwer tut, kann auch bei vier Metern anfangen und dann langsam die Distanzen erhöhen.) Danach werden die Bilder anspruchsvoller und wir gehen ebenfalls durch alle Distanzen.

Vierte Übung: Eisentreffer. Wir werden immer ehrgeiziger und wollen nun wirklich den perfekten Schuss trainieren. Das machen wir, in dem wir die Wirklichkeit des Pétanque-Spiels verlassen und eine Gummimatte zu Hilfe nehmen. Auf diese Matte legen wir eine Kugel und versuchen sie zu treffen. Kein Boden kommt uns jetzt mehr zu Hilfe, ist der Treffer nicht auf Eisen, dann tut sich eben nichts. Hier zählen saubere Schüsse, alles andere wird durch die Gummimatte gnadenlos aufgedeckt. Wir erhöhen wieder peu à peu den Schwierigkeitsgrad, indem wir die Distanz verlängern. Statt der Gummimatte kann es auch ein alter Fußabstreifer sein. Oder wir legen die Kugel auf einen Balken, und versuchen sie von dort herab zu schießen, ohne das Holz zu treffen. Eine kleine Variante, die den Bogen fördert, bringt eine Latte, die Sie vor die Kugel legen. Jeder Treffer, der zu kurz kommt, wird von dem Holz gestoppt. Es lassen sich natürlich noch viele andere verzwickte Aufbauten denken, die alle einen gemeinsamen Sinn haben: nur der reine Eisenschuss zählt.

Wer so trainiert und dann -im wahrsten Sinn des Wortes -auf den Boden des Pétanque zurückkehrt, ist schon um einiges weiter. Er erlebt dann einen ähnlichen Effekt, den manche Sportler kennen, die mit Bleijacken trainieren, um dann -wenn sie den Ballast los sind -beinahe über den Boden zu fliegen.

Fünfte Übung: Der 100-Schuss-Test. Mit dieser Übung sind wir schon fast im Profilager. Mit dem 100-Schuss-Test betreibt der Deutsche Pétanque Verband seine Kadersichtung und -schulung. Neben dem Training kann jeder, der sich diesem Test unterzieht, schnell feststellen, auf welchem Stand er sich befindet. Die zu schießende Kugel liegt dabei in der Mitte eines Kreises von rund 50 Zentimetern Durchmesser. Die Schusskugel darf nicht vor dem Kreis aufkommen, sonst ist der Treffer ungültig. Die hundert Schuss werden auf fünf Distanzen absolviert. Sechs, sieben, acht, neun und zehn Meter. In jeder Distanz absolviert der Spieler vier Schüsse, und das Ganze macht er fünf Mal. So kommen einhundert Schüsse zusammen. Man kann nun die Güte der Schüsse notieren. Wurde die geschossene Kugel aus dem Kreis entfernt? Gut. Ist die eigene im Kreis liegen geblieben? Sehr gut. Ging der Schuss links, recht daneben, das alles lässt sich säuberlich in eine Liste eintragen und später als ein Stärke- und Schwäche-Profil auswerten. Wer über fünfzig Treffer hat, kann sich schon zu den Besseren zählen, bei siebzig und mehr beginnt schon die nationale Klasse. Die Vordrucke solcher Listen gibt es auf der Web-Site des Deutschen Pétanque Verbandes und können dort problemlos herunter geladen werden.

Dieser Test hat den Vorteil, dass er dem Tireur ziemlich genau zeigt, wo er mit seiner Leistung steht. Das kann manchmal sehr ernüchternd sein. Die Auswertung des Bogens sagt ihm aber auch deutlich, wo seine Schwächen liegen; bei welchen Distanzen er locht, ob er eher links oder rechts daneben schießt und so weiter. Das sind dann wertvolle Hinweise für sein weiteres Training. Wer dann immer noch Ehrgeiz hat, weiß woran er arbeiten muss.

III. Das Einmaleins der Taktik

Wer in einer Aufnahme fünf Punkte abgeben muss, obwohl er scheinbar keinen Fehler gemacht hat, kommt schnell ins Grübeln. Auf diese Weise kommt Überlegung ins Spiel -der Anfang jeder taktischen Spielauffassung. Zwar ist die Technik ohne Zweifel dominant, doch ohne Taktik können wir nicht spielen. Befolgen wir sie nicht bewusst, dann eben unbewusst. Außerdem: Technische Fehler werden wir selbst bei intensivem Training nie ganz verhindern können; dagegen müssen taktische Fehler nicht sein. Mit ein wenig Grips und der nötigen Übersicht können wir sie vermeiden.

Die Taktik gibt dem Spiel einen geistigen Rückhalt. Daher gibt es auch Leute, die behaupten, sie könnten an der Art und Weise wie einer spielt erkennen „wes Geistes Kind" er sei. Zeig mir, wie du spielst, und ich sag dir, wer du bist! Temperament und Charakter spielen also mit. Es gibt daher keine unverrückbaren Wahrheiten und keine Dogmen. Neben ein paar Selbstverständlichkeiten, die man einfach beachten muss, werden die Antworten auf taktische Fragen des Boulespiels immer auch von der Persönlichkeit der jeweiligen Spieler bestimmt. Über nichts wird daher so viel diskutiert wie über Taktik.

Im Großen und Ganzen ist die Taktik des Boulespiels nicht kompliziert. Freilich, je mehr wir ins Detail gehen, desto verwickelter wird es.

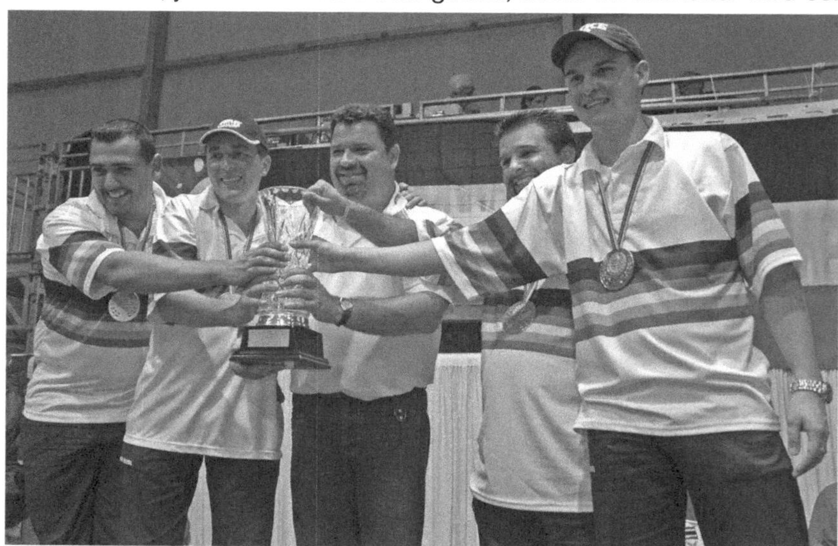

Abbildung 23: Weltmeister 2005 wurde Frankreich. Die Spieler (drei plus ein Auswechselspieler plus ein Coach) sind sicher auch technisch überlegen. Doch ohne Taktik kämen auch sie nicht ans Ziel.

Pétanque hat die wunderbare Eigenschaft eines jeden großen Spiels: Der Versuchsaufbau ist denkbar einfach (meine Kugel soll näher ans Ziel als die des anderen) und daraus ergeben sich die kompliziertesten Situationen, die wiederum am besten durch genial einfache Maßnahmen bewältigt werden. Allerhöchste Intelligenz und einfache Naivität geben sich die Hand.

1. Team-Taktik

Pétanque-Spieler sind meist große Individualisten. Und trotzdem ist Pétanque im Wesentlichen ein Teamsport. Das ist einer der großen Reize des Spiels. Oft müssen sehr ausgeprägte, aber ansonsten völlig verschiedene Charaktere unter einen Hut gebracht werden -was nicht immer klappt. Den Gegner kann ich mir nicht aussuchen, den Teamgefährten allerdings schon. Und so beginnt die allererste taktische Überlegung mit der Frage: Mit wem möchte ich spielen?

Die Königsdisziplin ist die **Triplette**. Hier kommt alles am dichtesten zusammen, was zum Boule gehört: technische Geschicklichkeit und Vielseitigkeit, taktische Intelligenz, psychologische Gewitztheit, Individualität und ausgeprägter Teamgeist. Bei dieser Formation hat sich, wie wir wissen, eine Aufgabenteilung als sinnvoll erwiesen. Es gibt die Positionen des Legers (Pointeur), des Schiessers (Tireur) und des Milieus. Auf den Bouleplätzen hört man auch, der eine „spielt vorne“ (Leger), der andere „hinten“ (Schießer) und einer „geht in der Mitte“. Während die anderen beiden das bevorzugt zu tun haben, was ihr Name sagt, hat der Milieu die anspruchsvollste Aufgabe: Er soll sowohl legen als auch schießen, je nach Lage. Im Regelfall nimmt also der erfahrenste und meist auch der beste Spieler diese Position ein. Bei Anfängerteams ist es oft umgekehrt, da schickt man am besten den in die Mitte, der noch nichts so richtig kann. So kommen wenigstens die gelegten Kugeln, und ab und zu gelingt beim Schiessen ein Treffer. Doch das sollte die Ausnahme sein.

Bei der Zusammenstellung der Mannschaft sollten wir darauf achten, dass diese Aufgabenbereiche durch geeignete Spieler besetzt werden. Wir sollten uns auch selbst klar werden, was wir in der Mannschaft spielen wollen. Wenn drei Tireure sich verabreden, und jeder glaubt, er würde schießen, wird das Turnier selten ein Vergnügen. Denn die Positionen im Team sind nicht beliebig, und sie sollten während eines Spiels nicht leichtfertig durcheinander gebracht werden, nur weil einige Kugeln daneben gingen. Es geht auch darum, Vertrauen in der Mannschaft aufzubauen. Unser Leger ist unser Leger, daher spielt er, so lange er noch eine Kugel auf der Hand hat, jede zu legende Kugel. Und wenn es was zu schießen gibt, dann ist der Tireur dran. Der Milieu ist, wie gesagt, derjenige, der am Ende die Punkte macht oder das Eisen aus dem Feuer holt.

Die Spieler für die Positionen unterscheiden sich - vor allem auf hohem Niveau - weniger durch die technischen Fähigkeiten als durch ihre Charaktereigenschaften. Leger sind andere Typen als Schiesser. Der Leger überzeugt durch ständig gut gelegte Kugeln, er arbeitet konstruktiv und darf sich nicht dadurch entmutigen lassen, dass seine besten Kugeln immer wieder weg geschossen werden. Im Gegenteil, wird eine Kugel von ihm geschossen, dann wertet er das als Kompliment und legt sofort wieder eine gute, um den gegnerischen Tireur herauszufordern. Ein guter Leger ist außerdem ein taktischer Kopf, es kommt eben auch darauf an, wo eine Kugel liegt. Liegt sie etwas links vor der Sau und versperrt damit dem gegnerischen Pointeur den Weg? Dazu muss man den Gegner beobachten können, registrieren, dass er Linkshänder ist, dass er mit einem bestimmten Effet spielt und vieles mehr.

Der Tireur dagegen glänzt mehr technisch als taktisch. Der Schuss ist zwar immer eine taktische Maßnahme, aber als solche wird sie von der gesamten Mannschaft entschieden. Der Tireur setzt sie um. Das ist schwer genug, er muss auf den Punkt konzentriert sein, meist hält er sich daher bei der Diskussion um die taktischen Entscheidungen zurück.

Der Milieu wiederum ist neben seinen technischen Fähigkeiten ein Cheftyp. Er gibt gerne die Richtung vor, scheut sich nicht vor Verantwortung, er will und muss die schwierigsten Kugeln spielen. Meistens gibt er die Taktik vor. Klar ist, dass er diese Rolle nur durch eine hohe natürliche Autorität ausfüllen kann. Seine Mitspieler haben Respekt vor ihm, entweder weil er besonders erfolgreich ist oder weil er über die Fähigkeit der sanften Führung und Überzeugungskraft verfügt.

Denn darum geht es auch. Die drei im Triplette müssen sich verständigen, was sie tun sollen. Boule-Spielen erfordert eine hohe Kommunikationskultur. Endlose Diskussionen bringen wenig, und die Abstimmung per Mehrheit ist selten die beste Lösung. Aber dass einer bestimmt, was die anderen murrend ausführen, ist noch schlechter. Wer nicht überzeugt ist von dem, was er machen soll, spielt oft schlechter als es sein Niveau erlauben würde. Erfahrene Teams kennen sich genau, haben durch viele Situationen klare Muster vor Augen, wollen auch gemeinsam einen bestimmten Stil spielen. Sie verständigen sich oft nur mit den Augen und wissen, was sie tun werden. Komplizierte Situationen sprechen gut funktionierende Teams meist durch, fast immer gibt einer den Ton an, die anderen stimmen zu oder machen bisweilen Alternativvorschläge. Manchmal entsteht Streit, selten ist er produktiv. Zur Not muss sich der unterlegene Mannschaftsteil eben fügen. Wichtig bei taktischen Entscheidungen ist, dass wir sie gemeinsam tragen, auch wenn wir im Einzelfall anderer Meinung waren.

Die Art und Weise, wie die Spieler einer Mannschaft miteinander umgehen, und wie Entscheidungen zustande kommen, ist eines der heißen Diskussionsthemen unter den Boulespielern. *„Entscheidungsfindung im Pétanque kann so oder so funktionieren oder schief gehen“*, führt Jürgen Albers aus, der auf seiner Website unter dem Pseudonym ‚Joppo' „Boulistischen Betrachtungen“ frönt. Er schreibt dazu: *„In vielen Teams geht kaum jemand wie selbstverständlich in den Kreis, nachdem der Gegner den Punkt erobert hat. Scheinbar ratlos schauen sich die Akteure an, so als hätte der Gegner gerade einen genialen Schachzug gelandet, den zu beantworten hoch komplizierte Abwägungen erfordert. Dabei ist in mindestens 80 Prozent, eher 90 Prozent aller Spielsituationen für Boulisten mit Spielerfahrung eindeutig, was zu tun ist. Über den Rest lässt sich sagen, dass in wiederum 80 Prozent, eher 90 Prozent dieser Fälle Legen oder Schießen gleichermaßen richtig wäre, vorausgesetzt, es würde jeweils gelingen -sprich, der Leger käme „rein“ bzw. der Schießer träfe. Stimmen die genannten Prozentangaben, blieben ca. 2 Prozent an Spielsituationen übrig, für die ein wirklicher Erörterungsbedarf gegeben wäre. Für diese wenigen Fälle sollte sich ein Team mit sportlichen Ambitionen und demokratischer Reife grundsätzlich auf das Verfahren einigen, dass derjenige, der zuerst Verantwortung übernehmen will, d.h. der zuerst in den Kreis geht, immer „Recht“ hat. Wenn sich der Leger zuerst bewegt, wird gelegt, wenn es der Schießer ist, wird geschossen, wenn der Milieu die Sau ziehen will, spielt er sein Ding.“*

Folgen wir Joppos Ausführungen, gäbe es also gar nicht so viel Erörterungsbedarf. Die Situationen sind meist eindeutig, wenn sich denn jemand entschließt, die Spielverantwortung zu übernehmen. Wir erleben aber immer wieder, dass Spieler ihre Intelligenz dafür verschwenden, ihre Angst vor der Verantwortung und dem Versagen als Taktik schön zu reden. Besser wäre, sie würden ihre Intelligenz konstruktiv einsetzen und auf das richten, was zu tun ist.

Denn natürlich passiert es, dass der Tireur auf einmal Angst vor dem Schiessen bekommt oder der Pointeur keine Kugeln mehr bringt. Dann müssen wir reagieren. Ein **Positionswechsel** steht an. Wir „drehen“ heißt es dann. Meist nimmt der Milieu dann den Platz desjenigen ein, der durch den Wechsel entlastet werden soll. Ein Wechsel ist eine alltägliche Sache in einem Turnier, und er ist trotzdem ein Drama. Denn er zeigt eine Krise. Würde alles funktionieren, müssten wir nicht wechseln. Nehmen wir an, der Tireur trifft nicht mehr. Für ihn ist das eine peinliche Situation, er versagt. Vorwürfe führen jetzt nicht weiter. Im Gegenteil. Also sollte der Rest der Mannschaft, ihm den Wechsel leicht machen. Und umgekehrt sollte der Spieler, der eine Schwächeperiode hat, den Wechsel selbst anbieten. Je reibungsloser das funktioniert, desto weniger dramatisch ist es.

Der Positionswechsel kann sogar ohne die individuelle Schwäche eines Spielers ein taktisches Aufbaumittel werden. Wir liegen zum Beispiel hoch zurück, ohne schlecht gespielt zu haben; der Gegner war aber immer ein bisschen besser, das Spiel hat sich zu unserem Nachteil eingefahren. Jetzt können wir unsere Positionen durcheinander würfeln, schon steht eine „andere Mannschaft" auf dem Feld, es wird ein neues Spiel, und wir haben vielleicht noch eine Chance.

Ein wichtiger, aber von vielen vernachlässigter Punkt ist das **Auftreten der Mannschaft**. Sie sollte immer wie eine Einheit wirken, selbst dann, wenn es nicht so gut läuft. Geschlossenheit verfehlt seine Wirkung auf den Gegner nicht, er soll merken, dass diese Formation nicht so leicht zu knacken ist. Dies zeigt sich am nachhaltigsten durch einen optischen Eindruck. Seit einiger Zeit wird es auch auf deutschen Bouleplätzen üblich, dass Mannschaften mit einheitlicher Spielkleidung auftreten. Bei Deutschen Meisterschaften ist es sogar vorgeschrieben. Uniformierung allein reicht allerdings nicht, um als Einheit zu wirken. Viel wichtiger ist, dass die Mannschaft im wortwörtlichen Sinn zusammen steht, dass sie sich aufmuntert, bei guten wie schlechten Aktionen. Außerdem gilt es, Präsenz zu zeigen. Das Terrain sollte auch optisch beherrscht werden. Wenn der eine Spieler im Kreis steht, gruppieren sich die anderen beiden am besten so um die Sau, dass ein gedachtes Dreieck entsteht. Innerhalb dieses Dreiecks herrscht dann im besten Fall ein Kraftfeld, das denjenigen, der seine Kugel spielt, unterstützt. Und wenn Sie an Kraftfelder nicht glauben, dann sollten Sie wenigstens auf die Ordnung achten, die durch eine solche Aufstellung entsteht. Denn nicht selten, erscheint ein Terrain durch verstreute Zuschauer, durch herumstehende Gegner arg unaufgeräumt. Die bewusste Aufstellung der Mannschaftsmitglieder an den markanten Punkten des Spielfelds erzeugt eine ordnende Struktur in dem Bild. Derjenige, der schießen oder legen muss, hat es nun auf jeden Fall leichter.

In der **Doublette** unterscheidet sich die Taktik prinzipiell nicht von der in der Triplette. Es ist nur alles leichter. Schon die Psychodynamik zwischen zwei Akteuren ist deutlich entspannter als die zwischen drei. Das Gewicht und die Verantwortung des Einzelspielers bei der Doublette werden größer, er bildet nun die halbe Mannschaft und nicht mehr nur ein Drittel. Dafür ist es leichter, mit drei Kugeln zu spielen. Der Lerneffekt ist größer. Sitzt der erste Wurf nicht, dann lernen wir aus dem Fehler im zweiten und dritten. Der Rhythmus ändert sich, die Spieler kommen häufiger dran und werden nicht immer wieder kalt.

Die Aufgabenverteilung in Pointeur und Tireur gibt es auch bei den Zweiermannschaften. Allerdings sind die Rollen hier nicht so fest gezurrt wie im Triplette. Beide greifen an und beide verteidigen im Bedarfsfall. Trotzdem empfiehlt sich die Rollenverteilung zwischen Schiesser und Leger bei der Doublette ebenso strikt einzuhalten wie beim Triplette. Schon allein für die taktische Disziplin ist es wichtig, dass die Aufgaben klar verteilt werden. Das heißt: Wenn der Schiesser noch wenigstens eine Kugel auf der Hand hat und es soll geschossen werden, dann schießt er. Analoges gilt für den Leger. Bei Schwierigkeiten fällt es unter zwei Leuten natürlich viel leichter, die Positionen zu wechseln. Es wird daher in der Doublette häufiger gedreht und wieder zurück gedreht als im Triplette; manchmal auch nur, um den Gegner zu verwirren.

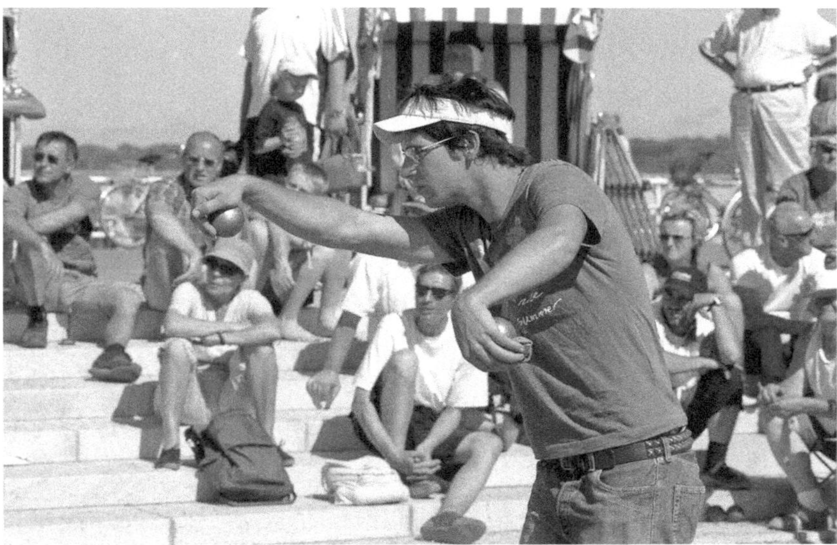

Abbildung 24: Fast immer sind die Situationen eindeutig und es braucht keine große Diskussion, ob die Mannschaft legen oder schießen soll -wie hier Kim Rieger bei den Deutschen Meisterschaften in Travemünde. Wenn es sein muss, wechseln Leger und Schießer ihre Positionen.

Beim **Tête-à-Tête** besteht die Mannschaft nur aus einem selbst, es treten Einzelspieler gegen einander an. Hier müssen wir jede Aktion, die wir sonst besprechen könnten, mit uns allein ausmachen, und wir müssen sie auch ausführen. Leichter oder schwerer? Schwierige Frage. Zum einen sind wir beim Tête-à-Tête völlig auf uns allein gestellt, keiner treibt uns an, keiner gleicht unsere Fehler aus und schon gar nicht zieht uns einer das Spiel über durch. Zum anderen pfuscht uns keiner in unsere Taktik, wir müssen keine Fehler von anderen ausgleichen, müssen uns keine Vorwürfe anhören und so weiter. In so fern ist das Spiel Mann gegen Mann (es können natürlich auch Frauen sein) die ehrlichste Disziplin im Boule, aber auch die unbeliebteste. Denn es fehlt beim Tête-à-Tête die kommunikative Dimension einer Mannschaft. Für Milieu-Spieler ist das Tête-à-Tête allerdings eine gute Übung, denn in diesem Spiel ist der Vielseitige gefragt: Legen, Schießen, taktische Entscheidungen, alles sollte er können.

Im Tête-à-Tête sind von jedem Spieler nur drei Kugeln im Spiel. Das bedeutet, dass eine verspielte Kugel doppelt zählt. Beim Schuss bringt ein bloßer Treffer nicht viel, sondern es zählt nur ein Carreau oder ein Palet, ansonsten ist die Kugel verloren. Taktisch ist das Spiel einfacher, da man nur sechs Kugeln im Blick haben muss, gleichzeitig aber auch anspruchsvoller, weil nun jede Kugel wirklich wichtig ist.

2. Die Kreation des Spielfelds

Die meisten Bouler sind der Meinung, das Spiel fängt an, wenn sie die Kugeln werfen. Weit gefehlt. Bevor das erste Eisen im Sand liegt, sind schon einige wichtige und Spiel entscheidende Dinge passiert. Doch gehen wir der Reihe nach vor:

Platzwahl. Eine Partie beginnt damit, dass wir einen Gegner (zugeteilt) bekommen. Ohne Gegner kein Spiel, das ist klar. Nun losen wir, meist mit einer Münze, um die Platzwahl. Was bedeutet das? Gewinnen wir die Wahl, können wir das Terrain aussuchen, auf dem gespielt werden soll, und wir haben gleichzeitig das Recht erworben, die Sau auszuwerfen und die erste Kugel zu spielen. Es leuchtet unmittelbar ein, dass die Platzwahl äußerst wichtig ist. Denn Boule wird, wie wir wissen, auf jedem Platz, oder doch wenigstens auf fast jedem, gespielt. Und je nach Bodenverhältnissen variiert unser Spiel -und das des Gegners ebenfalls. Daraus ergibt sich, dass die Platzwahl schon eine kleine Vorentscheidung ist, wie das Spiel verlaufen wird. Wissen Sie zum Beispiel von Ihrem Partner, dass er auf weichem Boden nicht zurechtkommt, dann meiden Sie natürlich solche Stellen. Haben Sie von Ihrem Gegner erfahren, dass er harte Parkwege verabscheut, dann gehen Sie genau dort hin. Wenn Sie über Ihren Gegner nichts wissen, dann orientieren Sie sich an Ihren eignen Bedürfnissen. Wählen Sie das Terrain aus, das Sie kennen und auf dem Sie möglicherweise schon erfolgreich gespielt haben. Auf jeden Fall sollten Sie sich nicht beschwatzen lassen, irgendwo hin zu gehen, wo Sie nicht hin wollen.

Generell gilt: Wenn Sie Ihren Gegner stärker als sich selbst einschätzen, wählen Sie ein möglichst schwieriges Terrain, das viele Unwägbarkeiten enthält und so den Zufall mitentscheiden lässt. Der Zufall schränkt die Fähigkeiten, bei denen der Gegner Ihnen überlegen ist, ein; das Glück begünstigt (vielleicht) beide gleich. Also gewinnen Sie so einen kleinen Vorteil. Ist der Gegner Ihrer Meinung nach schwächer als Ihre eigene Mannschaft, dann entscheiden Sie sich für einen möglichst leichten Untergrund, der Ihre Stärken zum tragen bringt. Aber seien Sie vorsichtig bei solchen Spekulationen! Den Gegner stärker als sich selbst einzuschätzen, kann schon ein psychologischer Nachteil sein -und ihn für schwächer zu halten erst recht.

Wenn Sie die Platzwahl verloren haben, sind Sie ihrem Gegner, zumindest was das Terrain angeht, ausgeliefert. Jetzt bleibt Ihnen nur das aufmerksame Beobachten, wie und aus welchen Gründen er sich für ein bestimmtes Terrain entscheidet. Daraus können Sie Schlussfolgerungen ziehen. Vielleicht streiten sich Tireur und Leger darüber, wo sie hingehen sollen. Will der Leger etwa zum steinigen Belag, weil er gute Portées spielen kann, der Schiesser aber fürchtet um seine Trefferquote auf dem schwierigen Boden? Hören Sie aufmerksam zu, vielleicht können Sie später mit einer scheinbar nebenbei eingestreuten Bemerkung Öl ins Feuer gießen, und so Ihren Gegner durcheinander bringen.

Schon bei der Platzwahl beginnen also die kleinen gemeinen Tricks. Will der Gegner partout nicht dahin, wo Sie ihn hinlotsen wollen, wird er vielleicht versuchen, Ihnen diesen Platz auszureden, er wird fadenscheinige Gründe erfinden, er wird eventuell versuchen, den Spielbeginn zu verzögern, und darauf hoffen, dass eine andere Paarung sich unterdessen dort niedergelassen hat. Egal, was er auch anführt - hier findet die erste Kraftprobe statt. Wer zwingt dem anderen seinen Willen auf? Eine mögliche Vorentscheidung.

Wie Sie damit umgehen, hängt von der Situation und von Ihrer Verfassung ab. Man muss nicht immer Recht behalten, um die Situation im Griff zu haben. Manchmal führen Großmut und Nachsicht viel weiter. Der große alte Mann des französischen Pétanques, Robert Trovatelli, der unter dem Namen Otello sowohl als Spieler wie als Theoretiker des Boule-Sports eine bedeutende Rolle spielte, war der Ansicht, man solle dem Gegner auf jeden Fall die Zähne zeigen -am besten aber durch ein Lächeln.

Der Auftakt des Matches beginnt also schon im Vorfeld, und bevor noch irgendeine Kugel gespielt wird, sind die ersten Züge schon gemacht. Das sollten Sie im Kopf behalten. Aber verkrampfen Sie nicht! Nicht jede Geste ist eine taktische Maßnahme oder muss als solche interpretiert werden. Manchmal (vielleicht sogar meistens) geht alles ganz freundlich und ohne Hintergedanken ab. Sie sollten aber darauf vorbereitet sein, was in dieser allerersten Phase alles passieren kann. Es versteht sich außerdem von selbst, dass man bei einer Partie Boule unter Freunden nicht jeden Trick anwenden und auch nicht jede Finte parieren muss. Bei Turnieren und bei Spielen mit etwas mehr sportlichem Ehrgeiz sieht das dann schon anders aus.

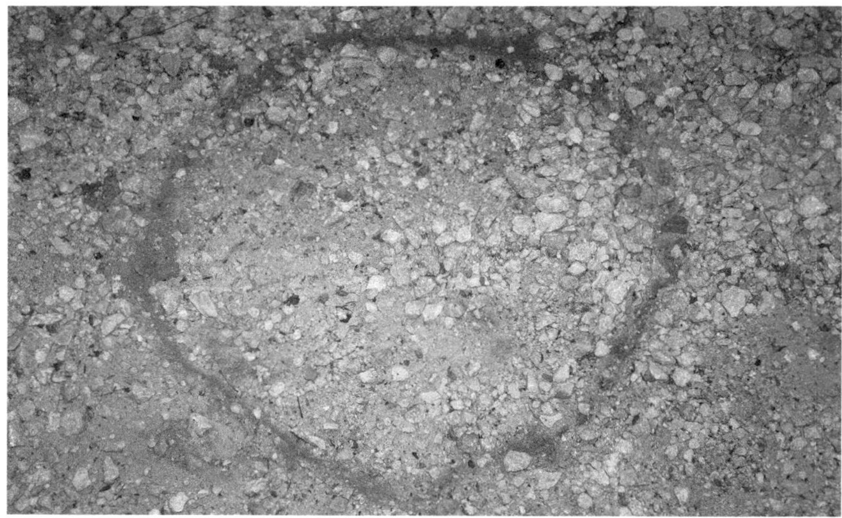

Abbildung 25: Bodenprobe. So sah das Terrain bei der Weltmeisterschaft in Brüssel aus. Ein Spieler hat sorgfältig einen Kreis gezogen.

Der Kreis. Ist nun dies alles erledigt, und wir stehen auf dem richtigen Terrain, bereit, das Spiel zu eröffnen. Nun ziehen wir einen Kreis. Manche machen einfach nur einen Strich. Achtung! Nachlässigkeit in einem Strategie- und Geschicklichkeitsspiel ist immer ein Fehler. Zugegeben, es ist nur eine Kleinigkeit. Aber ein wirklich rund markierter Kreis erweitert den Horizont, erst räumlich, dann geistig. Wer nur einen Strich zieht oder eine schlampige Markierung zeichnet, hat sich schon - oft rein unbewusst - auf eine bestimmte Richtung festgelegt, die anderen dreihundertneunundfünfzig Grad lässt er außen vor, und ignoriert damit einen ganzen Strauss von Möglichkeiten. Vielleicht hat sich der Gegner genau da hin gestellt, wo er die Sau nicht haben will? Und Sie haben sie natürlich in eine andere Richtung geworfen. Hätte Sie sich beim Zeichnen des Kreises einmal um die Achse gedreht und aufmerksam geschaut, dann wäre Ihnen das womöglich nicht entgangen. Das Ziehen eines Kreises im Sand sollte Ihre Konzentrationsübung zum Auftakt des neuen Durchgangs werden. Nehmen Sie es als ein geistiges Ritual zur Sammlung der Kräfte. Wenn Sie einmal die anderen Spieler beobachten, werden Sie entdecken, dass die besten unter ihnen immer erstaunlich runde und kleine Kreise zustande bringen. Warum wohl?

Der Sauwurf. Nach der Platzwahl ist die zweite wichtige Entscheidung der Wurf der Sau. Denn er gibt nun vor, wie die Kugeln zu spielen sind. Es macht natürlich einen großen Unterschied, ob wir auf sechs, acht oder zehn Metern legen oder schießen müssen. Egal für welche Länge Sie sich entscheiden, wichtig ist, dass Sie die Zielkugel bewusst auf diese oder jene Länge werfen. Für den Auftakt des Spiels empfiehlt es sich nicht, die Sau kurz (sechs bis sieben Meter) zu legen. Denn bei kurzen Distanzen kann es leicht zu einem „Coup" oder einer „Packung" kommen, das heißt zu vielen Punkten. Ein Fehler auf unserer Seite kann ausreichen, dass der Gegner groß aufspielt, und wir müssen dann das gesamte Spiel einem Rückstand nachlaufen. Halten wir allerdings nicht viel von unserem Gegner, dann spielen wir genau aus diesem Grund kurz (und glauben natürlich, dass wir den Coup landen). Schätzen wir den Gegner stark ein, sollten wir möglichst mit einer langen Distanz anfangen. Dann wird selbst bei der einen oder anderen verspielten Kugel nicht so viel passieren, denn auf zehn Metern wird auch guten Leuten nicht alles gelingen. Eine mittlere Distanz ist immer dann angebracht, wenn man sich erstmal herantasten möchte, den Gegner beobachten will, um ihn einschätzen zu können.

3. Die Aufnahme -die kleinste Einheit des Spiels

Ein Spiel besteht aus Aufnahmen, in ihnen werden die Punkte erreicht, die aufsummiert das ganze Spiel entscheiden. Eine Aufnahme endet immer mit mindestens einem, höchstens sechs (beim Tête-à-Tête drei) Punkten für eine der beiden Mannschaften. Der Ausgangspunkt ist klar. Wir müssen eine Kugel so platzieren, dass sie der Sau am nächsten liegt. Wir nennen das „den Punkt erobern" oder schlicht „den Punkt machen". Bei der ersten Kugel ist das denkbar einfach, denn sie hat ja noch keinen Konkurrenten. Wenn sie nicht ins Aus geworfen wird, hat sie immer den Punkt. Der Gegner muss nun seinerseits den Punkt erobern. Liegt unsere Kugel schlecht, dann hat er es nicht schwer, er legt einfach eine bessere. Liegt unsere aber gut, dann „macht sie Druck“, wie man sagt.

Die erste Kugel. Der Sauwurf und die erste gespielte Kugel sind deshalb so enorm wichtig, weil wir damit automatisch in Nachteil geraten. Das ist die ausgleichende Gerechtigkeit beim Pétanque. Wir hatten die Platzwahl gewonnen und durften das Terrain bestimmen, ein Vorteil. Daraus folgt, dass wir die Sau werfen dürfen und so die Distanz bestimmen, ein weiterer Vorteil. Aber mit der ersten gespielten Kugel kehrt sich der Vorteil um. Denn wir haben noch fünf Kugeln auf der Hand, der Gegner jedoch sechs. Er kann auf unsere Kugel reagieren und das Spielgeschehen an sich ziehen. Spielen beide Mannschaften rein theoretisch fehlerlos (das heißt, sie verbessern jeweils die Kugel, die zuvor gespielt wurde, egal ob durch Legen oder Schießen), macht immer derjenige am Schluss den Punkt, der als Zweiter anfängt. Bei geschicktem Spiel sogar viele Punkte. Allerdings muss er dann die nächste Aufnahme beginnen und der Nachteil läge dann auf seiner Seite. Je besser die erste Kugel gelegt wurde, je schwerer es ist, sie zu verbessern, desto kleiner halten wir den taktischen Nachteil.

Was aber ist eine gute erste Kugel? Sie liegt etwa zwanzig bis dreißig Zentimeter vor der Sau oder sogar noch näher dran - das ist so gut wie nie verkehrt. Allgemein gesprochen, ist eine Kugel immer dann gut, wenn sie den Gegner zwingt, mehr als eine Kugel zu spielen, um den Punkt zu erobern. Denn dadurch bringt sie das eigene Team in Vorteil.

Was ist mit einer Kugel, die direkt an der Sau liegt, ein so genanntes Biberon? Zugegeben, eine solche Kugel ist bestimmt nicht schlecht, aber auch nicht wirklich gut. Sie macht zwar Druck, denn eine bessere kann der Gegner nicht legen. Aber wenn er sie schießt, wird auch die Sau wegfliegen und wahrscheinlich im Aus landen. Es gäbe dann also eine Neuaufnahme ohne Punkt für uns. Ein Biberon ist daher nicht optimal. Denn geht der erste oder gar der zweite Schuss daneben, kann sich der Schiesser der Gegenseite noch zu einem dritten Schuss in den Kreis begeben. Theoretisch können die Gegner sogar fünfmal schießen, und wenn der fünfte Schuss sitzt, haben Sie keine Sorgen mehr -da die Sau ins Aus geht. Das heißt, bei einem Biberon kann sich unser Gegner theoretisch vier Fehler erlauben, ohne negative Konsequenzen. Unser Spiel muss es aber sein, durch gute Kugeln Fehler zu provozieren, und diese Fehler müssen Folgen haben, so dass wir dadurch punkten können.

Kugelvorteil. Manche nennen den kleinen taktischen Vorteil für den, der als Zweiter spielt, in Analogie zum Schach „Zeitvorteil". Andre sprechen von „relativem Kugelvorteil". Das trifft die Sache genauer. Wir sollten aber immer bedenken, dass dieser Vorteil sehr vorläufig ist. Durch jede gelegte oder geschossene Kugel kann er sich zur anderen Seite drehen. Nehmen wir an, die Mannschaft A hat Anspielrecht und sie hat die erste Kugel gut platziert. Mannschaft B kann nun verschieden reagieren. Gesetzt den Fall, B schießt diese Kugel. Hat sie getroffen, und beide Kugel landen im Aus (oder die A-Kugel liegt nach dem Schuss zwar weit weg aber besser als die B-Kugel), dann muss B die nächste Kugel spielen, um den Punkt zu machen. Jetzt sieht die Bilanz so aus: A hat noch fünf Kugeln auf der Hand, B noch vier (dafür allerdings den Punkt am Boden). Der relative Kugelvorteil hat sich zugunsten von A umgedreht. Nun könnte A auf die B-Kugel schießen und auf jede weitere, die noch kommt, ebenfalls. Wenn alle Schüsse treffen und einige der Schusskugeln liegen bleiben, könnte A theoretisch sogar fünf bis sechs Punkte erreichen.

Hätte B jedoch ein Palet geschossen, das heißt, die B-Kugel läge nach dem Treffer näher zur Sau als die A-Kugel, dann müsste A vorlegen. Die Bilanz sähe dann umgekehrt aus: B hätte den relativen Kugelvorteil behalten, und theoretisch könnte sich nun B durchschießen. Hätte B gar ein Carreau geschossen, und A hätte seinerseits auf die gut platzierte B-Kugel geschossen, aber kein Carreau oder Palet, dann müsste A für den Punkt erneut legen. Die Bilanz: A hätte den Punkt auf dem Boden, allerdings schon drei Kugel gespielt, folglich nur noch drei auf der Hand. B hätte eine Kugel (ohne Punkt) am Boden, aber noch fünf auf der Hand. Das heißt, B hätte durch den guten Schuss den relativen Kugelvorteil behalten und einen echten Kugelvorteil dazu gewonnen. Spielen beide Mannschaften fehlerfrei weiter, wird sich der Kugelvorteil für B am Ende als Punktesegen auszahlen.

Darum geht es in der Aufnahme: Wir suchen zunächst den kleinen Vorteil und bauen ihn aus, indem wir gute Kugeln platzieren und Fehler des Gegners provozieren. Diesen Vorteil, den wir schon daran erkennen können, dass wir mehr Kugeln in den Händen halten als der Gegner, müssen wir bis zum Ende der Aufnahme halten, dann führt er zu zählbaren Punkten.

Ablauf der Aufnahme. Aber wie spielen? Es gibt immer mehrere Möglichkeiten. Allein unser kleines Beispiel macht klar, wie vielfältig sich die Situationen im Boule-Spiel entwickeln können. Keine Aufnahme gleicht der anderen, obwohl es im Prinzip immer wieder in etwa ähnlich abläuft. Daher muss die Taktik variieren. Sie hängt nicht zuletzt davon ab, was sich die einzelnen Spieler zutrauen und auf welchem technischen Niveau sie sich befinden. Es wäre Unsinn, eine Aufnahme auf fünf Schüsse anzulegen, wenn nur einer der Spieler über Trefferpotential verfügt. Wir sollten also immer realistisch spielen, das heißt unseren technischen Möglichkeiten entsprechend.

Im Rahmen dieser Einschätzung spielen wir entweder defensiv oder offensiv. Offensiv bedeutet: schießen, defensiv: legen. Bisweilen „verteidigt“ man aber auch eine gute eigene Kugel, indem man eine bessere des Gegners wegschießt. Hier ist dann Angriff die beste Verteidigung. Es gibt Mannschaften, die sich dem offensiven Spiel verschrieben haben, das heißt, sie versuchen fast jede Situation durch Schießen zu lösen: andere vertrauen auf das genaue Gegenteil. Es liegt in der Natur der Sache, dass diejenigen, die gut schießen können, eher angreifen; eingefleischte Leger und Anfänger suchen ihr Glück in der Verteidigung. Zu einem guten und auch taktisch vernünftigen Spiel gehört beides.

Wenn unsere Kugeln am Boden schlecht liegen oder wir im Kugelnachteil sind, dann empfiehlt es sich fast immer zu legen. Wir müssen darauf achten, dass wir das Spiel eng machen, genügend Kugeln in die Nähe der Sau bringen, um - wenn wir denn den Punkt nicht machen - wenigstens dem Gegner nur wenige Punkte zu überlassen. Er soll es also schwer haben, seine folgenden Kugeln besser als unsere zu legen.

Bei jeder Entscheidung, zu schießen, sollten wir darauf achten, dass wir nach dem Schuss mindestens noch so viele Kugeln spielen können oder aussichtsreich am Boden haben wie der Gegner auf der Hand hat. Denn sonst kann der Gegner die Sache umdrehen, und ein Schussspiel aufziehen. Indem er unsere Kugeln wegschießt, bringt er seine schon verspielten Kugeln am Boden wieder ins Spiel zurück.

Sie zählen dann wieder als Punkte, und jede Kugel, die von seinen Schüssen liegen bleibt, kommt noch obendrauf. Wir sollten immer -im Wortsinn -“im Bilde“ sein und genau darauf achten, wie die Kugeln verteilt und welche gespielt sind, wie viele wir und wie viele der Gegner noch hat. Ein Schuss zuviel kann teuer werden; selbst wenn er trifft (siehe Abbildung 26 über den Ablauf einer Aufnahme).

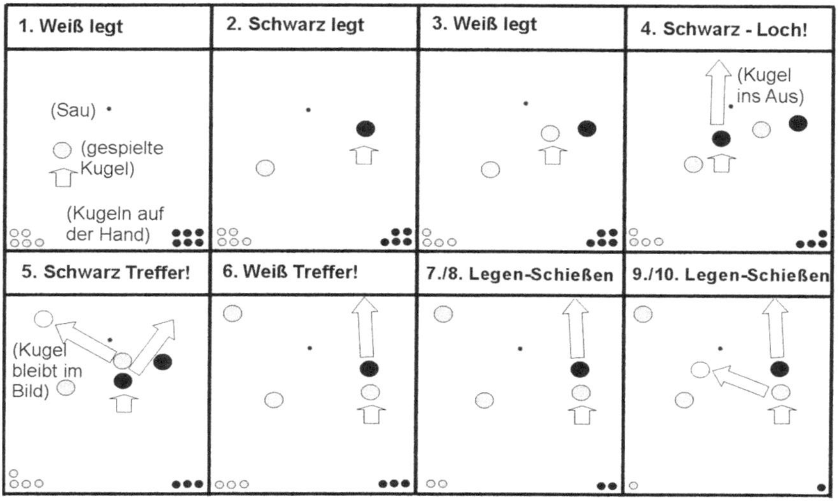

1. Weiß legt | 2. Schwarz legt | 3. Weiß legt | 4. Schwarz - Loch!

(Sau)
(gespielte Kugel)
(Kugeln auf der Hand)
(Kugel ins Aus)

5. Schwarz Treffer! | 6. Weiß Treffer! | 7./8. Legen-Schießen | 9./10. Legen-Schießen

(Kugel bleibt im Bild)

Abbildung 26: Weiß beginnt das Spiel, legt aber schlecht (1). Schwarz kann sofort verbessern (2). Mit der zweiten Kugel erobert Weiß den Punkt (3). Schwarz entscheidet sich für einen Schuss, trifft aber nicht (4). Da die weiße Kugel sehr gut liegt, entscheidet sich Schwarz für einen zweiten Schuss. Diesmal ein Treffer, doch die weiße Kugel bleibt im Bild (5). Daher kann Weiß nun die Aufnahme umdrehen und schießt auf die schwarze Kugel, obwohl man sie auch erlegen könnte. Doch Weiß schießt nun für zwei Punkte und kann diesen Vorsprung mit weiteren Treffern bis zum Ende der Aufnahme durchhalten, weil es in Kugelvorteil ist. Schwarz muss legen, Weiß schießt. Wenn Weiß gut schießt, können die Schusskugeln ebenfalls zu Punkten werden (7-12), insgesamt winken also fünf Punkte. Allerdings darf sich Weiß keinen Fehlschuss leisten, denn sonst wird Schwarz punkten.

Unsere Chancen werden wir am besten wahrnehmen, wenn wir so spielen, dass wir den Punkt auf dem direktesten und einfachsten Weg erobern. Geht das nur mit Schießen, dann schießen wir; geht es nur mit Legen, dann legen wir. Hat der Gegner den Punkt, dann sollten wir möglichst nur eine Kugel brauchen, um den Punkt zurück zu erobern. Unsere Maxime muss sein, dass wir wenige Kugeln verbrauchen, der Gegner aber viele, so dass wir am Ende der Aufnahme diejenigen sind, die noch Kugeln haben. Dann ist uns der Gegner ausgeliefert und wir können punkten.

4. Mikrotaktiken

Die Aufnahmen entwickeln sich jedes Mal wieder neu, und jeder Einzelfall muss durchdacht werden. Dennoch gibt es natürlich Standard-Situationen, die immer gleich gehandhabt werden. Im Folgenden führe ich einige spezielle Würfe und Spielzüge auf, die zum Repertoire des Boulespielers gehören (sollten). Im Prinzip geht es darum, mit einer Kugel einen Effekt zu erzielen, der sonst nur mit zwei oder sogar mehr eingesetzten Kugeln zu erzielen wäre. Solche Spielzüge verlangen hohes technisches Können und den Blick für die Situation. - Gelingen die Würfe, können wir einen Kugelvorteil ausbauen oder einen Kugelnachteil aufholen und in Punkte ummünzen.

Carreau, Palet, Retro. Das Carreau ist der beste Schuss. Die Kugel des Gegners ist weg, die Schusskugel liegt genau da, wo die geschossene vorher lag. Damit schießt und legt der Tireur gleichzeitig. Hier ist am sinnfälligsten, dass mit einer Kugel gleichsam zwei gespielt werden. Schießt eine Mannschaft ein Carreau, dann hat sie quasi eine Kugel mehr im Spiel.

Im Prinzip gilt das Gesagte für das Palet genauso. Die Schusskugel liegt besser zur Sau als die geschossene Kugel, sie liegt eben nur nicht so eng an deren Platz wie es beim Carreau der Fall ist. Ein Palet ist daher vom Gegner leichter zu kompensieren, es bringt aber auf jeden Fall einen relativen Kugelvorteil ein. Eine ganz besondere Spezialität ist, eine eher schlechte Kugel so zu schießen, dass die Schusskugel an die Sau rollt. Ein „Palet zur Sau“ zu schießen ist schwerer als ein Carreau. Wer allerdings weiß, dass er oft Palets schießt, die nach hinten abdriften, der kann es schon mal riskieren, eine Kugel, die einen Meter vor der Sau liegt (und im Weg) anzugreifen. Schießt er dann wie üblich, hat er ein „Palet zur Sau“ fabriziert.

Retro nennt man einen Schuss, wenn die Kugel nach dem Treffer rückwärts läuft, also wieder ein Stück Richtung Kreis. Da wir wissen, dass eine Kugel, die vor der Sau liegt, immer besser als eine dahinter ist, ist ein Retro also nie schlecht. Besonders dann, wenn wir eine Kugel schießen, die sehr nahe an der Sau oder sogar etwas dahinter liegt. Die Schusskugel bleibt damit im Spiel oder stellt sogar ein Hindernis dar.

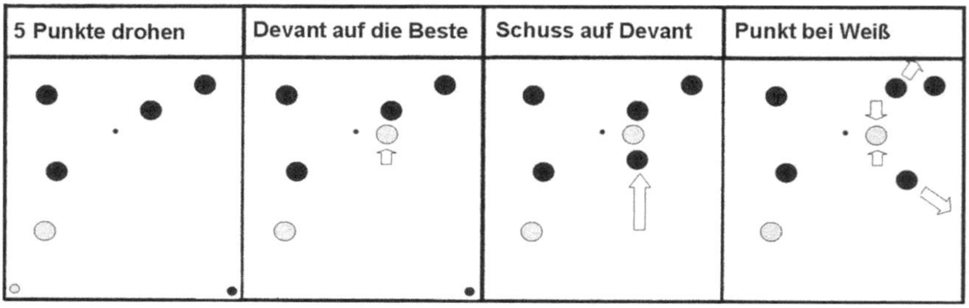

5 Punkte drohen	Devant auf die Beste	Schuss auf Devant	Punkt bei Weiß

Abbildung 27: Das Beispiel zeigt, wie effektiv eine Devant-Kugel als Verteidigung wirken kann. Die weiße Kugel liegt so an der besten schwarzen, dass sie mit einem Schuss nur schwer weg zu kriegen ist. Im Gegenteil: durch den Energieaustausch unter den Kugeln springen die schwarzen weg, während bei der weißen sich die Energieimpulse aufheben und sie liegen bleibt.

Devant. Eigentlich müsste es „Boule devant“ heißen, französisch für „eine Kugel davor“. Doch für eine Kugel, die aus taktischen Gründen genau vor eine andere Kugel gelegt wird, hat sich in Deutschlands Boule-Gemeinde der Ausdruck „das Devant“ eingebürgert. In Reinform ist das Devant eine Kugel, die so vor die (meist beste) gegnerische Kugel gelegt wird, dass sie diese berührt. Der Effekt ist nun der, dass sie vom Gegner nur mühsam angegriffen werden kann. Schießt er auf das Devant, bleibt diese liegen, die Kugel, an der sie angedockt war, fliegt dagegen weg. Nun muss der Gegner noch mal schießen, um sie endgültig wegzubekommen. Ein solches Devant hat also zwei Schusskugeln gezogen und außerdem dafür gesorgt, das eine schon (gut) gelegte ebenfalls aus dem Bild verschwunden ist. Die Bilanz ist eine Kugel gegen drei ! Das Devant ist vor allem eine hervorragende Verteidigungskugel. Es ist eine kleine Tretmiene an der besten Kugel des Gegners. Sie verhindert damit oft eine „Packung“, denn entweder wird es nun schwer, besser als sie zu legen und damit zu punkten, oder sie wird angegriffen - siehe oben.

Poussette. So nennt man das Anspielen einer eigenen Kugel, die dafür natürlich vorne (!) liegen muss, um sie in Richtung Sau zu stoßen. Auch hier wird mit einer Kugel ein Mehrfacheffekt erzielt. Entweder machen wir zwei Punkte, oder wenigstens wird aus einer schlechten Kugel ein gute. Das Anspielen ist sehr verführerisch. Trotzdem sollte man sich meistens davor hüten, es zu versuchen. Wenn es nur darum geht, eine zu kurz gelegte Kugel besser zu machen, sollte man sich eher darauf konzentrieren, die neue Kugel besser zu legen. Gelingt nämlich das Anstoßen nicht, ist gleich auch die nächste Kugel verloren, sie landet fast immer weit dahinter und ist damit unwirksam geworden. Das Anspielen kann man dem Gegner überlassen, für den es dann ein Unglück wäre. Erst gegen Ende, wenn der Gegner schon leer ist und es um Punkte geht, sollte man die Poussette in Erwägung ziehen.

Schuss für zwei, drei ... Es ergeben sich immer wieder Gelegenheiten, wo ein Schuss viele Punkte bringen kann. Nehmen wir an, der Gegner hat alle seine Kugeln gespielt, wir haben den Punkt und noch einige auf der Hand. Es lohnt sich nun, das Bild genau anzusehen. Unsere Kugel liegt an eins, die Gegner-Kugel liegt an der zweiten Position und an drei und vier liegen wieder Kugeln von uns. Schießen wir nun die Gegner-Kugel, haben wir statt einem drei Punkte am Boden. Schießen wir gar ein Carreau, dann sogar vier. Wenn man mit einem Schuss zwei oder mehrere Punkte zusätzlich rausholen kann, dann sollte man ihn immer riskieren. Springt bei einem Schuss nur ein

Punkt mehr heraus, könnte man auch für diesen Punkt legen. Manchmal ist der Schuss die leichtere Übung als Legen, dann sollte man schießen. Hat der Leger die Kugeln auf der Hand, sollte er in einer solchen Situation die Punkte tendenziell mit Legen erzielen; der Schießer sollte schießen, denn dadurch bleibt er warm und in Übung. Außerdem kann er eventuell mit einem sehr guten Schuss, einem Carreau oder engem Palet, noch einen Punkt zusätzlich holen.

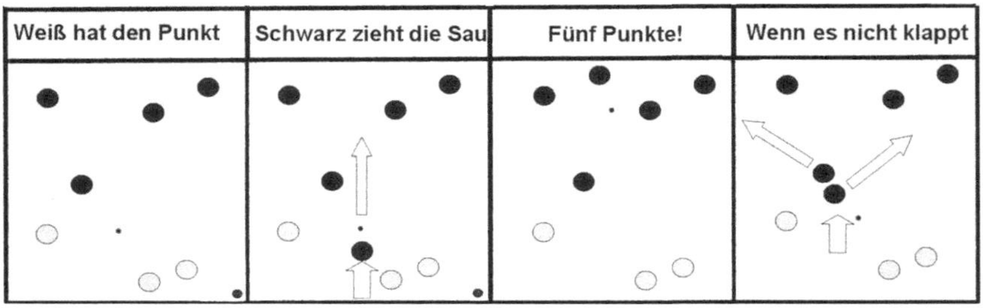

Abbildung 28: Weiß hat zuletzt noch den Punkt erobert und liegt mit zwei weiteren Kugeln vor der Sau. Schwarz hat nur eine Kugel, die zählt und liegt mit ihr an zweiter Stelle. Da Schwarz noch eine Kugel auf der Hand hat, lockt nun die Versuchung, die Sau nach hinten zu ziehen für fünf Punkte. Die Gefahr (siehe viertes Bild): Die beste schwarze Kugel liegt so, dass sie bei etwas rechtem Abweichen der gespielten Kugel aus dem Bild gestoßen werden könnte. Dann hätte Weiß statt einem drei Punkte.

Sau ziehen. Meist passiert es ja unabsichtlich. Der Effekt kann dann katastrophal oder überglücklich sein. Da sich das ganze Spielgeschehen um die Sau konzentriert, ist es klar, dass sich der Wert der Kugeln komplett neu ergibt, wenn die Sau ihre Lage ändert. Wir haben zum Beispiel schlecht gespielt und mehrere Kugeln von uns liegen weit hinter der Sau und sind damit fast wertlos, der Gegner hat dagegen gut platziert und liegt vorne. Wird nun die Sau nach hinten gezogen, dreht sich alles um. Des Gegners Kugeln sind beinahe wertlos, unsere sind auf einmal richtig gut geworden. Doch Vorsicht! Auch wenn der Sauzieher alles neu mischt, ist er nur ganz selten die wirklich taktisch kluge Maßnahme. Kontrolliert ausgeführt gelingt er selten. Vor allem ist es sehr schwer, die Sau passgenau zu bewegen, die kleine Holzkugel ist doch sehr leicht und launisch. Soll die Sau also genau 30 Zentimeter nach hinten rutschen, aber eben nicht 60 Zentimeter, weil dann wieder Gegnerkugeln lauern, ist von dem Sauzieher eher abzuraten. Was anderes ist es, wenn die Sau nur nach hinten muss, weil alle hinteren Kugeln uns gehören. Ein solcher Sauzieher, bei dem es nur auf die Richtung ankommt, ist schon leichter machbar und sollte auch in Erwägung gezogen werden, wenn es sich denn lohnt.

Der Sauschuss. Um den Sinn des Sauschusses zu erklären, müssen wir uns an die Regel erinnern. Durch den Schuss soll die kleinen Holzkugel ins Aus befördert werden. Nun tritt eine der wenigen taktischen Regeln des Pétanque-Spiels in Kraft. Hat die eine Mannschaft noch Kugeln auf der Hand, die andere aber keine mehr, dann bekommt die Mannschaft, die noch über ungespielte Kugeln verfügt, soviel Punkte zugeschrieben, wie sie Kugeln auf der Hand hatte. Das ist der Teil der Regel, der sich offensiv nutzen lässt. Zum Beispiel bei folgender Situation: Wir haben eine gute Kugel vorgelegt. Der Gegner versuchte sie zu schießen, schaffte es aber mit zwei Versuchen nicht. Nun fing er an zu verteidigen. Er legt das Terrain um die Sau und unsere Kugel zu, er machte das Spiel, wie man sagt, „eng“. Dafür hat er seine Kugeln verbraucht. Wir haben noch fünf auf der Hand, aber näher zu legen und so Punkte zu machen, ist kaum möglich. Wenn wir jetzt auf die Sau schießen und beim ersten Mal treffen, so dass sie ins Aus geht, stehen uns vier Punkte zu. Denn so viele Kugeln haben wir noch auf der Hand. Selbst wenn wir erst beim zweiten Mal treffen sind es noch drei. Wenn es wirklich eng war, hätten wir so viele Punkte durch das Dazulegen der Kugeln nicht erreicht. Nun zum zweiten Teil der Regel, der für die Defensive wichtig ist. Geht die Sau ins Aus und beide Mannschaften haben noch Kugeln auf der Hand, egal wie viele, dann gilt die Aufnahme als Nullaufnahme, als nicht gespielt. Wenn wir zum Beispiel vier Kugeln verspielt haben, und die anderen nur darauf lauern, die Scheuer einzufahren, können wir ihnen mit einem gelungenen Sauschuss eine lange Nase ziehen. Sie haben zwar noch fünf Kugeln auf der Hand und wir nach dem Schuss nur noch eine -doch das ist egal.

Allerdings ist der Sauschuss das allerletzte Mittel. Meistens wird er erst gegen Ende einer Partie eingesetzt, wenn der Verlust dieser Aufnahme gleichzeitig auch den Verlust der gesamten Partie bedeuten würde. Spitzenpartien dauern oft stundenlang, weil immer eine der Mannschaften kurz vor dem Ende immer wieder auf den Sauschuss zurückgreift. Doch dieser Schuss ist schwer, weil die Zielkugel eben sehr klein ist. Genau aus diesem Grund scheuen viele den Sauschuss, denn „er trifft ja sowieso nicht“. Sie versuchen daher lieber, mit ihren verbliebenen Kugeln irgendetwas anzustellen, das den Verlust der Partie verhindern soll. Sie spekulieren dabei auf einen oder sogar mehrere Fehler des Gegners. Sollten sie Recht behalten, ist es in der nächsten Aufnahme dann doch meistens vorbei. Dagegen ist der Sauschuss in aussichtsloser Lage die Variante, bei der ich das Spiel selbst bestimmen kann. Ich nehme damit mein Schicksal in die eigene Hand. Gelingt mir die Aktion, setzt das oft neue Kräfte frei und das Match ist noch lange nicht verloren.

5. Die Spielphasen

So wie sich eine Aufnahme in Kugelwürfe teilt, so besteht ein gesamtes Spiel aus Aufnahmen. Um dreizehn Punkte zu erreichen und damit das Spiel abzuschließen, benötigen wir mindestens drei Aufnahmen. Macht jede Mannschaft abwechselnd immer nur je einen Punkt, zieht sich ein Spiel über 25 Aufnahmen hin, mehr können es nicht sein. Nullaufnahmen zählen nicht. Das Spiel als gesamtes gesehen gliedert sich grob gesehen in drei Abschnitte, die jeweils eine besondere taktische Gepflogenheit nach sich ziehen.

Die **erste Spielphase** ist besonders durch die erste Aufnahme geprägt. Von ihr glauben viele erfahrene Spieler, dass sie eine Vorwegnahme des ganzen noch folgenden Matches sei. Daher empfehlen sie für den ersten Kugeldurchlauf eine ganz besondere Vorsicht und Konzentration. Das ist sicherlich anzuraten. Aber man muss es auch nicht übertreiben. Vor allem dann nicht, wenn die erste Aufnahme für einen selbst schlecht verlaufen ist. Dann sollte man alles dransetzen, die angeblich prognostische Kraft der ersten Aufnahme Lügen zu strafen. Aber auch wenn wir selbst aus der Anfangsaufnahme gut heraus kamen, drei vielleicht auch vier oder fünf Punkte eingestrichen haben, gerade dann sollten wir vorsichtig werden. Das Spiel ist eben noch nicht gelaufen. Jetzt kann es passieren, dass wir oder der eine oder andere Mitspieler von uns leichtsinnig werden. Damit kehrt sich der Vorteil des Punktgewinns in sein Gegenteil. Denn der Gegner, das sollten wir wissen, ist nach der „Packung" hellwach. Wir sollten es auch sein und den Vorsprung nach Hause bringen. Im ersten Spielabschnitt (etwa bis zum Punktestand von sechs Punkten) sollten wir den Gegner abtasten. Ausprobieren, ob er gut schießt (in dem man gute Kugeln legt), analysieren wie er schießt, und daraus unsere Schlüsse ziehen. Schießt der Gegner etwa sehr gut und wartet immer nur darauf, dass er Kugeln hingelegt bekommt, dann sollten wir mehr schießen. Der gegnerische Tireur muss seine Kugeln nun legen und kommt so aus dem Rhythmus. Fängt der Tireur der Gegenseite schlecht an, dann sollten wir ihn mit guten Legerkugeln eindecken, damit noch mehr Fehler provozieren und ihn so verunsichern. Wir können auch mit der Sau spielen, das heißt sie mal kürzer oder länger legen, und beobachten, wie sich der Gegner daraufhin anstellt. In der ersten Phase dürfen wir etwas riskieren, wir sollten versuchen, einen „Coup" zu landen, also mehrere Punkte auf einmal zu machen.

Die zweite Spielphase oder **das Mittelspiel** definiert sich dadurch, dass eine der beiden Mannschaften wenigstens sieben Punkte hat. Ab jetzt ist Vorsicht geboten. Denn nun kann mit einem „Sechser" das Spiel gewonnen oder verloren werden. Wir müssen deshalb nicht kleinmütig werden, doch nun sollten wir bei jeder Maßnahme die eventuellen Folgen bedenken. Kann der Gegner, wenn etwas schief geht, Schluss machen?

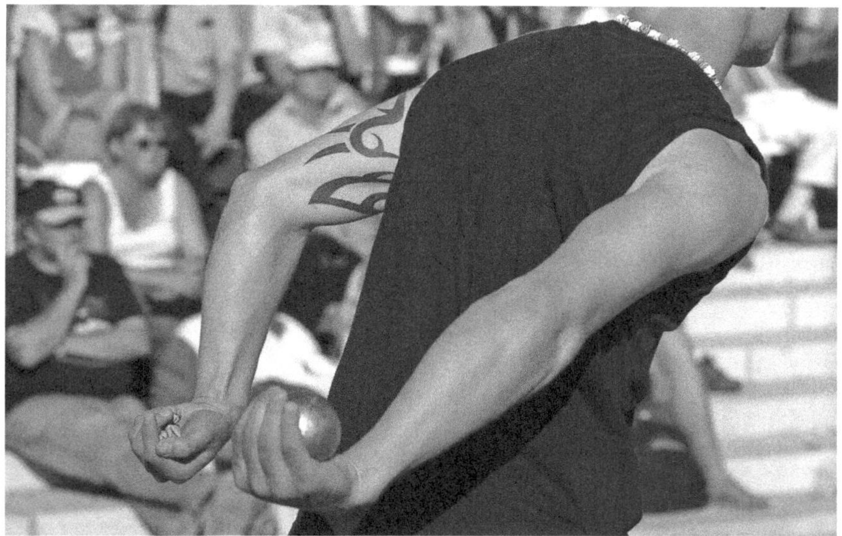

Abbildung 29: Spielfieber ist das Eine, gewinnen werden wir aber nur mit kühler Berechnung.

Sind wir es, die aus der Anfangsphase mit einem Vorsprung herausgekommen sind, so ist die nahe liegende Taktik, wenig zu riskieren. Also spielen wir lange Distanzen, machen lieber einen Punkt sicher, als nach fünfen zu gieren, um dann doch einen abzugeben. Kommen wir in einer Aufnahme in Nachteil, dann veranstalten wir keine komplizierten und risikoreichen Rettungstaten, sondern versuchen nur, den Schaden klein zu halten. Es macht nichts aus, wenn der Gegner einen Punkt verbuchen kann, wir aber immer noch drei oder vier Vorsprung haben. Wir müssen uns dann allerdings besonders konzentrieren, um die Sau wieder zurück zu gewinnen. Denn wenn der Gegner klug ist, spielt er im Rückstand natürlich genau anders herum (und wir sollten es genauso machen, wenn wir im Rückstand sind). Er wirft die Sau auf eine kurze Distanz. Jetzt geht alles leichter, man schießt eher Palets oder Carreaus. Die Folge: Es winkt eine Packung. Macht der Gegner tatsächlich drei oder vier Punkte aus der kurzen Distanz, dann hat er den Rückstand egalisiert oder ist sogar an uns vorbeigezogen. Jetzt stellt sich natürlich die Frage, wie weiter spielen? Noch mal kurz, weil es ja so gut geklappt hat? Oder -was bei einem Vorsprung taktisch sauber wäre -nun lang? Diese Frage müssen Sie oder Ihr Gegner immer wieder neu beantworten. Es ist Intuition oder Erfahrung oder beides, die sagen, was nun zu tun ist. Es gibt keine richtige Antwort darauf.

Die dritte Phase oder das **Endspiel** beginnt bei spätestens einem zweistelligen Punktestand. Nun ist allerhöchste Vorsicht geboten. Haben wir in der zweiten Phase noch darauf geschaut, möglichst Punkte zu machen, so ist unser Augenmerk nun in erster Linie darauf gerichtet, dass der Gegner nicht die Dreizehn erreicht. Gleichzeitig, wenn wir ebenfalls einen hohen Punktestand haben, wollen auch wir die Dreizehn. Das sind naturgemäß die interessantesten Aufnahmen, denn nun kann ein kleiner Fehler schon über das Wohl und Wehe der gesamten Partie entscheiden. Jetzt zeigt sich, wer technisch versiert ist und über ein gutes Nervenkostüm verfügt.

Nehmen wir an, es steht elf zu elf. Dann sind zwei Punkte am Boden (zum Beispiel durch zwei Palets oder eine gelegte und ein Palet) ein enormes Druckpotential, das nicht ohne Wirkung auf den Gegner bleiben wird. Macht er jetzt einen Fehler, dann können wir diese zwei Punkte gut verteidigen und gewinnen damit das Match. Umgekehrt gilt natürlich das gleiche. Kleine Vorteile in der Aufnahme sind bei hohem Spielstand noch wichtiger als zu Beginn oder in der Mittelphase.

Wenn wir gegen eine Mannschaft spielen, die wir für sehr stark halten, und gegen die wir normalerweise nie zehn oder elf Punkte machen würden, dann sollten wir jetzt bei jeder Aufnahme versuchen, wenn sich denn die Chance bietet, das Spiel zu unseren Gunsten zu beenden. Vorsichtiges Spiel ist bei einem übermächtigen Gegner verkehrt, denn mit jeder weiteren Aufnahme, die wir noch durchstehen müssen, spielt er seine Routine und Klasse aus. Je schneller wir Schluss machen können, desto größer ist die Chance, dass wir gewinnen. Risiko ist also erlaubt. Genau das Gegenteil gilt bei gleichwertigen oder sogar schwächeren Gegnern. Umsicht bei hohem Spielstand zeugt dann von Souveränität.

Liegen wir hoch zurück, der Gegner hat elf oder zwölf Punkte, wir aber nur vier, fünf oder sechs, dann müssen wir, sollten wir das Anwurfsrecht erhalten, unbedingt kurz spielen. Nur so können wir viele Punkte machen. Außerdem sollten wir die Sau nahe an den Rand zum unerlaubten Gebiet legen, also nahe ans Aus. So können wir uns zur Not, wenn die Niederlage droht, noch durch den Sauschuss retten. Er ist auf sechs Meter natürlich viel leichter als auf zehn, und liegt die Sau sowieso schon nahe an der Auslinie, dann reicht schon ein Streifschuss, um sie ins Aus zu befördern. Wer mit zwölf Punkten führt und das Recht des Sauwurfes hat, sollte aus taktischen Gründen immer auf annähernd zehn Meter werfen. Er sollte das auch dann tun, wenn der Gegner ebenfalls zwölf Punkte hat, und selbst dann noch, wenn er selbst seine Punkte auf kurzen Distanzen erobert hat. Warum? Wie wir schon öfter ausgeführt haben, ist das Recht des Sauwurfes ein Vorteil nur insofern als man das Terrain (mitten im Spiel auch nur bedingt) und die Distanz bestimmen kann. Danach muss man die erste Kugel legen und kommt so in relativen Kugelnachteil, der sich leicht in einen Punkt ummünzen lässt. Dieser Nachteil lässt sich nicht umgehen, wir können ihn nur verkleinern. Das tun wir, in dem wir die Sau auf eine möglichst lange Distanz auswerfen. Legen wir nun auf die lange Distanz eine gute Kugel, dann ist die Wahrscheinlichkeit, dass diese Kugel durch Legen verbessert oder durch Schiessen eliminiert wird deutlich geringer als wenn sie kurz liegen würde. Schaffen wir es allerdings nicht, eine gute erste Kugel zu legen -nun dann sieht es ohnehin nicht gut für uns aus.

6. Strategie und Taktik

Strategie und Taktik berühren sich und gehen ineinander über, sind aber keinesfalls das Gleiche. Die Strategie kommt vor der Taktik und ist ihr übergeordnet. Die Taktik hilft uns, die Strategie umzusetzen.

Viele Boule-Spieler haben keine Strategie, zumindest keine, von der sie wüssten. „Gewinnen wollen!“ - klar, das wollen alle. Aber als Strategie ist das zu wenig, und so überlassen sie zuviel dem Zufall oder dem Gegner. Ihre Taktik bleibt zuletzt nur Stückwerk. Sie bezieht sich nur auf den nächsten Punkt und die jeweilige Aufnahme. Ein wichtiger Schritt zum Sieg ist die bewusste Strategie für den nächsten Gegner.

Die erste strategische Überlegung beginnt mit der realistischen Einschätzung der eigenen Kräfte. Wer groß aufspielen will, der muss ein großer Spieler sein. Wie viele es davon wohl gibt? Trotzdem, Selbstbewusstsein ist erst mal nicht schlecht. Hat sich eine Mannschaft gefunden, die einen bestimmten Stil (offensiv, defensiv, schön, pragmatisch) spielen will, dann soll sie das auch tun. Das kann sich über eine längere Zeit hinziehen, bis es klappt. Strategen denken langfristig und geben nicht gleich bei der ersten Niederlage alles dran. Wer eine eigene Vorstellung des Spieles entwickelt; starrt nicht nur auf den Gegner. Wer sich nur auf dessen Art zu Spielen einstellt, hat sich schon ein Stück weit ergeben.

Der erste Schritt zur Strategie beginnt schon vor dem Turnier, er spielt eine Rolle bei der Zusammensetzung der Mannschaft. Mit wem will ich spielen? Aber auch: Mit wem kann ich was spielen? Natürlich spielt bei der Partnerwahl auch Freundschaft eine Rolle, der Gedanke, die Partien ohne Stress durchzustehen, und durch Harmonie zur Stärke zu finden. Bei größerem sportlichem Ehrgeiz treten solche Argumente bei der Zusammensetzung der Teams natürlich mehr in den Hintergrund. Hier zählen dann die technischen und mentalen Fähigkeiten. Zu unseren strategischen Hausaufgaben gehört, möglichst lange vor dem Spiel die äußeren Umstände (Boden, Wetter) zu erfahren und unsere Schlüsse daraus zu ziehen. Dazu gehört auch die Analyse der Gegner. Lassen sie unsere ursprüngliche Spielauffassung überhaupt zu? Wäre es nicht Selbstmord, auf einem harten, schweren Boden, der nur Eisentreffer zulässt, auf alles zu schießen? Und umgekehrt, der Boden ist leicht, er lädt zu Carreaus ein, sollen wir dort wirklich ein Legespiel aufziehen? Wie eine strategische Überlegung aufgehen kann, zeigt eine Anekdote, die mir bei einem Turnier in Köln passierte. Die Gegner unserer Triplette waren drei noch junge Dänen. Wir kannten sie nicht. Aber allein die Tatsache, dass sie aus Dänemark nach Köln kamen, um Boule zu spielen, ließ auf einen starken Gegner schließen. Vermutlich deutlich stärker als wir selbst. Zu allem Überfluss verloren wir die Platzwahl. Die Dänen suchten sich einen schönen sandigen Flecken aus. Er war wie geschaffen dafür, einfach und effektiv zu schießen. Wir hatten noch etwas Pause und ich beobachtete die Jungs. Alle drei spielten sich auf dem Boden ein, sie schossen nur, und sie schossen gut. Besser als wir, das war uns schnell klar. Und klar war uns auch, dass die Dänen dort ein Schussspiel aufziehen wollten. Wir sollten die Kugeln hinlegen, sie schießen sie weg. Hinterher ein freundliches Händeschütteln.

Wir beschlossen, ihnen die Partie komplett zu versalzen. So drehten wir den Spieß einfach um, nicht sie kamen zum Schiessen, sondern wir. Schon ihre erste Kugel verriet ihren Plan. Sie war scheinbar schlampig seitlich daneben gelegt, nicht besonders gut. Für uns eine Einladung zum Legen. Aber wir schossen auf diese Kugel. Verdutzte Gesichter bei den Dänen. Sie legten wieder eine nicht besonders gute, und wir schossen wieder. Die ersten beiden Schüsse waren Treffer. Sie legten weiter, wir schossen weiter. Wir trafen danach nur noch ein-statt viermal, und gaben drei Punkte ab. Die nächste Aufnahme fast das gleiche Spiel, nur schossen wir etwas besser, vier Treffer, sie legten, und ihre Mienen zeigte ein leises Beleidigtsein. Wir lagen fünf zu null hinten, aber wir hatten zwölf mal geschossen, aus ihrer Sicht gegen jede Logik, sie mussten zwölf mal legen, gegen jede

Lust. Es ging so weiter, aber das Spiel drehte sich, sie machten noch einen Punkt, wir schossen immer besser, holten auf, und selbst als es später Situationen gab, in denen die Dänen ihrer Schussfreudigkeit hätten freien Lauf lassen können, waren sie so verunsichert, dass sie nicht mehr oder doch zu wenig trafen.

Wir gewannen dieses Spiel, obwohl unsere Gegner eindeutig die besseren technischen Voraussetzungen hatten. Strategie, das zeigt dieses Beispiel, geht über die einzelne Aufnahme hinaus. Sie nimmt in Kauf, einen Durchgang zu verlieren, um das Spiel zu gewinnen. Wichtig war dabei, dass wir wussten, was wir taten. So ließen wir uns durch den zwischenzeitlichen Rückstand nicht kirre machen.

Eine strategische Finte, die mit scheinbar taktischen Dummheiten beginnt, gelingt in dieser Form eher selten. Trotzdem ist diese Art, dem Gegner erst die Lust und dann auch die Form am Spiel zu nehmen, durchaus gebräuchlich. Wenn man weiß, dass der Gegner gerne schießt, dann sollte man ihm nicht so viele Kugeln anbieten, sondern ihn zum Legen bringen. Und umgekehrt. Wenn man es mit Legern zu tun bekommt, dann sollte man versuchen, sie mit Legen zu knacken, sie zum Schiessen zu zwingen, zu dem, was sie nicht so gut können und mögen. Wer den Gegner gut kennt, sollte sich schon vor dem Spiel Gedanken machen, was dessen Schwächen sein könnten, und wie man sie ausnutzen kann. Umgekehrt kann die Strategie auch sein, nur seinen Stil durchzuziehen, großes Selbstbewusstsein zu zelebrieren, indem man den Gegner scheinbar gar nicht beachtet. Hier wäre es wichtig, das Wort „scheinbar" ernst zu nehmen. Denn ganz ohne auf den Gegner einzugehen, werden nur wenige Mannschaften auf der Welt gewinnen.

7. Psychologie

Taktik ist einerseits das Auszählen der Kugeln und das Überschlagen der daraus sich ergebenden Möglichkeiten. Anderseits besteht sie aus Finten, Tricks und Überrumpelungsmanövern. Dazu gehört Beobachtungsgabe und Einfühlungsvermögen gegenüber dem Gegner, eigene mentale Stärke und ein Schuss Gewitztheit. Denn in einem tieferen Sinne geht es darum, auf dem Platz Präsenz zu zeigen und ein Übergewicht in der Deutungshoheit des Spiels zu erlangen. Wer diese erreicht, wird fast immer als Sieger vom Platz gehen. Dieser Kampf um Präsenz wird mit psychologischen Mitteln ausgeführt. Das Gerangel um psychische Dominanz ist eine wichtige Dimension des Boulespiels. Sie wird ausgeprägter und unterhaltsamer je höher das technische Niveau der Spieler wird. Wir finden diese Dimension aber manchmal härter und brutaler bei Spielern, die ihre technischen Mängel durch psychologische Tricks auszugleichen suchen.

Ab wann wird es unfair? Das ist tatsächlich schwer zu bestimmen. Zumal das Regelwerk sehr auf die Auslegung vertraut und meistens ohne Schiedsrichter auskommt. Wer verloren hat, weil ihn der Gegner irgendwie aus dem Gleichgewicht gebracht hat, neigt dazu, schnell „unsportlich!" zu rufen. Die Sieger geben sich meist gelassener. Wir sollten in dieser Sache genau sein. Schon deshalb, um uns nicht unnötig aufzuregen, wenn wir damit in Berührung kommen. Nicht alles, was uns ärgert, ist schon unfair. Wer klar gegen die Regeln verstößt, zum Beispiel in den Wurf schreit oder gezielt stört, gar mit Prügel droht oder ähnliches, der disqualifiziert sich selbst. Wer jedoch nur an die Grenzen der Regeln geht, sich scheinbar unfreundlich verhält und zum Beispiel dem Gegner keinen Blick widmet, verhält sich immer noch korrekt. „Sportsmanship" nennen Engländer ein Verhalten, das strikt auf Sieg gerichtet ist, und jeden nur denkbaren Vorteil für sich verbuchen möchte. Wer damit erfolgreich ist, ist noch lange nicht unfair - auch wenn sein Benehmen unangenehm sein mag. Den Gegner mental aus der Reserve zu locken, ist ein legitimes Mittel im sportlichen Wettkampf und keine Gemeinheit.

Die kleinen Fallen. Wer schon einmal Boule gespielt hat, kennt sie alle. Die Überfreundlichen, die sich bei uns einschmeicheln wollen; die Jammerlappen, die sich jedes Mal beim Schicksal beschweren, wenn ihnen eine Kugel misslingt; die Streithansel, die sofort die Konfrontation suchen; die Pedanten, die immer alles nachmessen obwohl es offensichtlich ist; die Maulhelden, die sich durch ihre Sprüche Mut machen und und und ... . Mehr oder weniger bewusst sind diese Verhaltensweisen Manöver, um uns abzulenken. Wer uns aus der Konzentration bringen will, spekuliert auf unsere Fehler.

Wer sich gestört fühlt, sollte das kundtun. Wenn der Gegner das weiterhin nicht beachtet, dann rufen Sie einfach den Schiedsrichter. Aber es spricht erst Mal nichts dagegen, dem gegnerischen Tireur einen Witz zu erzählen, über den er vielleicht noch nachdenkt, wenn er im Kreis steht. Wenn er daneben geschossen hat, will er vermutlich keinen mehr hören. Zum Gegner freundlich zu sein und ihn für gute Spielzüge zu loben, ist auch nichts Böses, selbst wenn dahinter steckt, ihn zu riskanten Kugeln zu locken. Letztendlich ist es eine Frage des persönlichen Stils, wie weit wir den psychologischen Wettkampf pflegen wollen.

Aber der Griff in die psychologische Trickkiste kommt nicht immer vom Habitus, sondern ergibt sich bisweilen direkt aus dem Spielgeschehen.

Ich erinnere mich an eine Partie, nicht unwichtig, die so langsam dahin schlich und sich peu à peu zu unseren Ungunsten entwickelte. Schuld war, dass unser Tireur nur wenig traf, der Gegnerische aber schoss regelmäßig und sicher. Er war noch jung und spielte offenbar über seinem Niveau. Nun „unterlief" uns ein offensichtlicher taktischer Fehler. Wir hatten so gespielt, dass der junge Tireur auf einmal einen Schuss für viele Punkte hatte und damit seine Mannschaft bis elf oder zwölf nach vorne hätte bringen können. Unser Leger machte die Lage noch überdeutlich klar, indem er sich die Haare raufte und über diesen Fehler lautstark klagte. Als unser junger Freund in den Kreis ging, wusste er also genau, um was es ging. Alle Augen waren auf ihn gerichtet, seine Mitspieler munterten ihn auf und warteten gespannt - Loch! Der Druck war zuviel für ihn. Auch danach traf er nicht mehr so regelmäßig, umgekehrt wurde unser Schießer wieder besser, und wir gewannen schließlich das Spiel. Wir hatten gepokert. Hätte er getroffen, das Spiel wäre für uns wahrscheinlich verloren gewesen. Aber hätten wir nichts gemacht, dann hätten wir vermutlich auch verloren.

Solche Finten sind nicht ungewöhnlich. Man zeigt dem Gegner quasi die Fleischbrocken und fordert ihn lautstark auf, zuzugreifen. Wenn er es nicht schafft, dann hat das meist größere Folgen als nur den einen Fehlgriff. Nicht nur gute Kugeln setzen den Gegner unter Druck, sondern auch Situationen. Nehmen wir zum Beispiel folgendes an: Unsere Mannschaft hat noch eine Kugel auf der Hand, der Gegner zwei und den Punkt auf dem Boden. Er hat also klaren Kugelvorteil. An zweiter und dritter Stelle liegen wieder unsere Kugeln, danach jedoch die gespielten drei des Gegners. Die taktisch saubere Variante wäre, wir legen unsere letzte Kugel so gut wie möglich, mindestens aber besser als die schlechten drei unserer Kontrahenten. So verhindern wir, dass der Gegner mit seinen zwei Kugeln durch zwei Schüsse seine hinteren drei wieder ins Spiel bringt.

Doch gegen jede taktische Disziplin schießen wir die Punktkugel des Gegners weg. Jetzt liegen zwei Punkte für uns am Boden. Das allein erzeugt schon Druck. Doch das ist nicht das Entscheidende, sondern wir haben dem Gegner eine Denkaufgabe gestellt und ihn mental herausgefordert. Für ihn stellt sich nun die Frage: zweimal schießen für drei Punkte, bleiben die Schusskugeln liegen sogar vier bis fünf (das wäre eine fette Ausbeute für ihn und für uns die Höchststrafe) -oder zweimal legen für zwei Punkte (das wäre für ihn die sicherste Variante). Entscheidet er sich für Schießen, reicht ein Fehler aus, und die beiden Punkte gehen womöglich an uns. Beim Legen kann er sich einen Fehler leisten und mit der zweiten Kugel immer noch den Punkt erobern. Was tun? Vielleicht streitet sich jetzt die Mannschaft, die einen trauen dem, der dran ist, die zwei Schüsse nicht zu und fordern ihn auf zu legen. Oder umgekehrt. Vielleicht sind die beiden Kugeln auch auf Leger und Schießer verteilt, dann will womöglich der eine dies, der andere das.

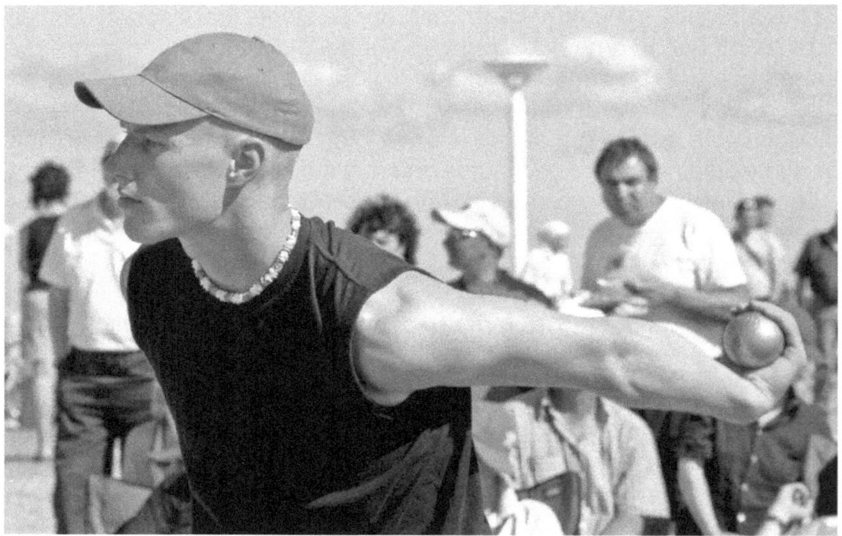

Abbildung 30: Nico Kirchhoff in Travemünde. Dort wurde er mit seinem Team Deutscher Meister im Triplette.

Es ist nicht so unwahrscheinlich, dass unser Gegenspieler im Kreis versucht, sich auf das Legen zu konzentrieren, aber an die lukrativeren Schüsse denkt. Vielleicht gelingt weder das eine, noch das andere, und wir sind trotz Kugelnachteil mit Punkten aus der Aufnahme herausgegangen. Sollten die Gegner mit Legen ein bis zwei Punkte machen, dann können wir immer noch mit einem Kommentar wie „ganz schön feige" einen kleinen mentalen Vorteil für uns verbuchen. Vielleicht rechnen wir unseren Teamkollegen noch mal laut vor, wie wir gerade eine Fünfer-Packung nicht bekommen haben. Dann erscheinen wir wie die Gewinner dieser Aufnahme, obwohl wir gerade Punkte abgegeben haben.

Cinema. Neben den kleinen Fallen gehört zur Psychologie des Spiels die große Inszenierung. „Cinema" nennen es die Franzosen, wenn einer das Spiel zum Spektakel macht. Im Süden Frankreichs gehört das schon fast dazu; wenn Publikum dabei ist, ohnehin. Mit theatralischen Gesten begleiten die Spieler dann alle ihre Aktionen. Der Tireur mimt mit grimmigem Blick den Executor, der Leger schmust mit seiner Kugel und der Dritte beschwört mit ausladenden Gesten die Götter. Wer es kann, versucht mit dem Publikum zu scherzen, es für sich einzunehmen, oder er bringt es gegen sich auf. Mancher läuft erst zu großer Form auf, wenn er gegen Widerstand spielt. Neben dem Unterhaltungswert, den wir auf keinen Fall unterschätzen sollten, liegt der Sinn dieser Aufführungen natürlich darin, den Gegner einzuschüchtern, die Aufmerksamkeit auf sich zu ziehen, weg vom Gegner. Der steht in der Ecke, kommt sich vernachlässigt vor, wird vielleicht unsicher oder es geht sonst was in ihm vor. Er wird nervös und schlechter -oder er gibt die Show zurück und wächst über sich hinaus. Das ergibt die besten Spiele. Im Grand Cinema drückt sich die Lebensfreude aus, die in dem Spiel steckt. „Boule will Dich immer ganz" heißt es in Südfrankreich, wo das Spiel geboren wurde und wo es mehr als anderswo als Symbol für das Leben selbst aufgefasst wird. Es ist also klar, dass es nicht nur um cool gelegte oder geschossene Stahlkugeln geht. Der ganze Mensch spielt mit und er legt seine Seele ins Spiel. Daher werden auf den Dorfplätzen bisweilen ganze Dramen aufgeführt, der Gewitzte gegen den Starken, der Kleine gegen den Großen, der Liebenswerte gegen den Präzisen -so ernst wie ein Spiel eben ist und so spielerisch, wie sie das Leben nehmen.

IV. Mythos, Geschichte, Zukunft

1. Die Geburtsstunde des Pétanque-Spiels

Pétanque ist ein schönes Spiel, und es hat eine ebenso schöne Ursprungsgeschichte. Sie spielt an einem Sommerabend 1907 im Süden Frankreichs. Genauer gesagt in dem Küstenstädtchen La Ciotat, das in etwa auf der Hälfte der Strecke zwischen Marseille und Toulon an der Riviera liegt. Jules, von dem nicht mehr so genau bekannt ist, ob er Lenoir mit Nachnamen hieß, oder „le noir" (der Schwarze) genannt wurde, saß in einem Stuhl vor seiner Stammkneipe. Überliefert ist, dass er dichtes dunkles Haar hatte und sich nicht öfter als einmal in der Woche rasierte. Daher ist die zweite Variante des Namens eher wahrscheinlich.

Jules war ein Mann im besten Alter, aber nicht in bester Verfassung. Jede Bewegung tat ihm weh. Denn sein in jungen Jahren wendiger und muskulöser Körper wurde nun im gesetzten Alter von schlimmem Rheuma geplagt. Bei Jules war die Malaise besonders schade. Denn jeder kannte ihn als einen exzellenten Boulespieler, der früher für seinen Verein schon manche Trophäe nach Hause gebracht hatte. Allerdings war Boulespielen noch lange nicht das, was wir heute darunter verstehen. Zu dieser Zeit spielten die Männer in La Ciotat, man muss es leider sagen, es waren nur Männer, das so genannte „Jeu Provencal", ein damals noch gar nicht so altes Kugelspiel, das auch heute noch Anhänger hat. Wer allerdings nach den Regeln des Provencal' spielt, muss fit und beweglich sein. Nicht umsonst wurde das Spiel auch „la longue" (das Lange) genannt, die Distanzen zwischen Abspielkreis und Zielkugel liegen zwischen 15 und 21 Metern. Um eine Kugel anzulegen, betritt der Spieler den Kreis, macht einen Ausfallschritt nach vorn oder zur Seite, zieht dann das andere Bein nach, das den Boden allerdings nicht berühren darf. Nun muss er auf einem Bein stehend die Kugel werfen und darf sich erst dann wieder richtig hinstellen, wenn seine Kugel auf dem Boden gelandet ist. Geschossen wird beim Provencal aus vollem Lauf. Hierbei muss der Spieler vom Kreis aus drei Laufschritte vollziehen und dann im Moment, wenn er beim dritten Schritt den Fuß aufsetzt, die Kugel werfen. Ohne Körperbeherrschung und hohe Koordinationsgabe geht beim Jeu Provencal also nichts, und es ist schon gar kein Spiel für einen, der bei jedem Schritt vor Schmerzen aufschreit.

Jules saß auf seinem Stuhl und sah seinen ehemaligen Sportkameraden zu, wie sie die, für Außenstehende möglicherweise komisch aussehende, Verrenkungen vollzogen. Traurig wurde er dabei und gedachte der Zeiten, als er noch einer der besten von ihnen war. Dabei nahm er sein nutzlos gewordenes Spielgerät, warf die kleine Zielkugel vor sich hin und die Kugeln hinterher.

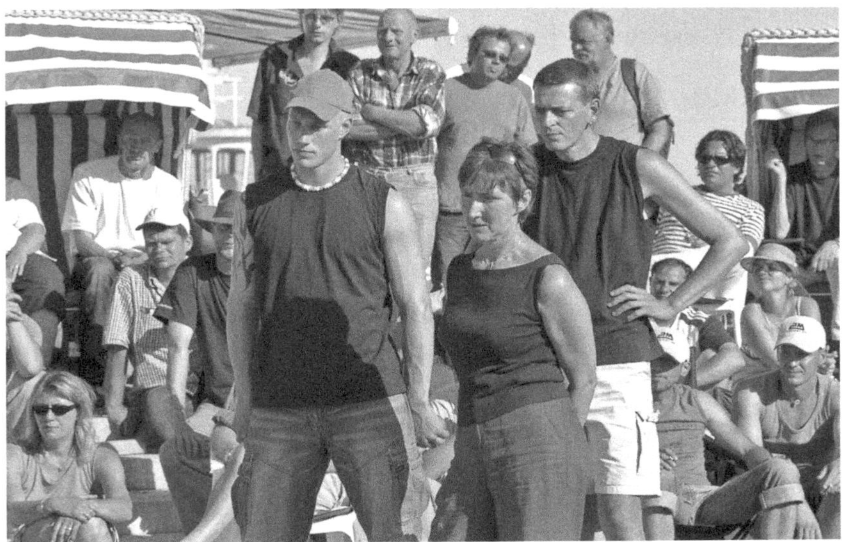

Abbildung 31 : In hundert Jahren vom Mittelmeer zum Ostseestrand. Deutsche Pétanque-Meister Triplette in Travemünde wurden Ruth Seebach, Nicolai Kirchhof (links) und Andreas Globig.

Es soll an einem der lauen und schönen Juni-Abende gewesen sein, als sich sein Freund Ernest Pitiot, einer der Provencal-Spieler, zu Jules gesellte. Er wechselte ein paar Worte über die früheren Zeiten und schmiss gedankenverloren seine Kugeln nach denen seines alten Freundes. Der aber machte gleich ein kleines Spiel daraus und zeigte seinen Wettkampfgeist. „Nun schaut euch unseren Jules an!" mag Ernest vielleicht gerufen haben, „welche Energie in unserem Kranken steckt!". Zuerst machten sich die Boule-Spieler mit ihrem derben Humor einfacher Leute über den Rheumakranken lustig. Sie trugen ihn auf seinem Stuhl aufs Spielfeld, zogen einen Kreis um ihn und legten flugs fest, dass die Zielkugel nicht so weit, sagen wir sechs Meter, ausgeworfen werden darf. Jules durfte vom Stuhl aus spielen, die anderen mussten stehen, und zwar genau in dem Kreis, und die Füße durften nicht in einem Ausfallschritt oder sonst wie aus dem Kreis hinaus. „Pieds tanques!", riefen sie jedem zu, der nicht genau im Kreis stand oder ein Bein hob. Zu deutsch: Beine fest am Boden halten! In ihrem provenzalischen Südfranzösisch hieß das „ped tanco". Damit war Pétanque geboren, zumindest was den Namen angeht.

Ernest Pitiot und vor allem sein Bruder Joseph kapierten schnell, dass mit den kurzen Distanzen ein neues und sehr interessantes Spiel entstanden war. Sie entwarfen die ersten Regeln und schnell wurde „ped tanco“ zum erst belächelten, dann immer öfters gespielten kleinen Bruder des großen „langen Spiels“. Im Juni 1910 organisierten die Brüder das erste PétanqueTurnier der Welt auf dem Bouleplatz von La Ciotat. Sogar Leute aus dem nahe gelegenen Marseille, das schon damals eine große Kugelgemeinde beherbergte, sollen mitgemacht haben. Wer gewonnen hat, ist nicht überliefert. Heute heißt die Straße, die zum Bouleplatz in La Ciotat führt, „Avenue de la Pétanque“. Erst jüngst ließ die Gemeinde das Schild erneuern, das an die historische Stunde von 1910 erinnert. Man ist dort sichtlich stolz auf den Beitrag, den die Bürger von La Ciotat zum Kugelsport geliefert haben. Denn das neue Spiel wurde nicht nur in der Region populär, sondern verbreitete sich schnell. Aber es dauerte noch mindestens zwanzig Jahre, bis aus Ped Tanco das Pétanque wurde, das unserem Spiel gleich kommt. 1927 wurden die ersten gültigen Regeln niedergeschrieben. Das war ein wichtiger Schritt, aber nicht der Durchbruch. Denn damals spielten die Südfranzosen noch mit genagelten Holzkugeln. Das änderte sich erst gegen 1930. Der Metallarbeiter Jean Blanc kam als erster auf die Idee und schmiedete hohle Eisenkugeln für den Boule-Spielbetrieb. Schnell waren diese neuen Kugeln sehr begehrt und bald wollte keiner mehr mit Holz gespickt voller Nägeln spielen. Der Charakter des heutigen Pétanque‘ ist ohne die Stahlkugeln, die das Regelwerk ja vorschreibt, nicht mehr vorstellbar. Jean Blanc ist durch seine Erfindung unsterblich geworden und seine Initialen „J.B.“ zieren heute noch eine der großen Kugelmarken.

2. Aus der Vorzeit der Kugelspiele

Das Werfen von Kugeln, Steinen, Hölzern oder sonst etwas in eine bestimmte Richtung ist vermutlich so alt wie die Menschheit. In grauer Vorzeit lassen sich die Ball-und Kugelspiele noch nicht wirklich unterscheiden. Auch ob es sich nur um Weitwurf handelt oder um ein taktisches Platzieren eines Gegenstandes, bleibt bei vielen Vorläufern des Kugelvergnügens offen. Erst mit der Zeit trennten sich die athletischen Varianten von den Geschicklichkeitsspielen, noch später wiederum entwickelten sich Spielgeräte in Kugeln und Bälle auseinander. Auch die sozialen Schichten, die sich dem Spiel widmen, sind in der Geschichte nicht eindeutig auszumachen. Mal ist es der Adel, der sich -wie in England -den Bowls widmet, mal wird dem Pöbel verboten, die (Arbeits-)Zeit mit den Kugeln zu vertrödeln. In Frankreich scheinen die Kugeln jedoch eher das gemeine Volk zu begeistern. „Boule verführt zu lasterhaften Ausschweifungen und ist Ursache sonstiger Unverschämtheiten", hieß es in einem gerichtlichen Verbot des Spiels in Paris von 1629. Wer auf Tugend hielt, durfte zu dieser Zeit nicht öffentlich die Kugeln werfen. Trotzdem entwickelte sich die Kugel-Manie immer weiter. In Lyon ging es offenbar soweit, dass der Magistrat der Stadt 1824 eine Verordnung erlassen musste, dass „auf den Hauptstraßen der Stadt" das Kugelspiel verboten wurde.

Ein Hauch von Ruchbarkeit blieb an den Kugeln aber haften. Das lag vielleicht auch daran, dass es ein beliebtes Soldatenspiel war. Man kann sich vorstellen, dass sie mit ihren Kanonenkugeln auf Zünder spielten. In Marseille soll dabei 1792 eine ganze Pulverkammer in die Luft geflogen sein, eine Menge Tote waren zu beklagen. Noch heute erinnern die zentralen Boule-Begriffe an die Zeit, als sich die Soldaten damit die angespannte Langeweile vor der Schlacht vertrieben haben. „Pointer" heißt, schauen wir in ein normales Wörterbuch, nicht „legen", sondern„(das Geschütz) richten" und stammt aus dem Wörterbuch des Kanoniers aus Napoleons Armee. Der „Pointeur" wird dann auch als „Richtkanonier" angegeben, derjenige, der dafür zu sorgen hatte, dass die Kanonenkugel möglichst viel Schaden und Schrecken beim Feind verursachte. Auch das französische Wort für das Zielkügelchen „bauchon" heißt zwar „Pfropfen" und „Korken". Doch der Kanonier nannte den Pfropfen, den er in sein Kanonenrohr stopfte, eben auch „bauchon", und der Zünder, den er an die Kanonenkugeln anbrachte, die mit Sprengstoff geladen waren, hieß ebenfalls „bauchon". Von dem militärischen Hintergrund des „Tireurs", demjenigen, der abzieht und den Zünder der Kanone betätigt, ganz zu schweigen. Auf den Zusammenhang zwischen militärischen Begriffen und dem Boule-Fachvokabular haben auch die Autoren Koch/Hübner hingewiesen, und dabei betont, dass die Kanonenkugeln (Boules, Boulets) der französischen Feldartillerie zur napoleonischen Zeit immer kleiner wurden und auf einen Durchmesser zwischen 84 und 133 Millimeter kamen, bei einem Gewicht von zwei bis acht Kilogramm. Sie kamen also unseren Kugeln schon relativ nahe. Vielleicht hat sich ja etwas von der existenzialistischen Ursituation, in der die damaligen Soldaten vor einer Schlacht standen, in der es immer um Leben und Tod ging, auf das Boulespiel übertragen. Boule als das Spiel der Totgeweihten? Nicht nur. Damals führten die Soldaten, wie man weiß, zwischen den Schlachten ein lockeres Leben. Auch davon ist an den Kugeln etwas hängen geblieben.

Pétanque ist einer der letzten Abkömmlinge dieser Art der Kugelspiele, die sich gegen Ende des 19. Jahrhunderts in Frankreich überall entwickelt hatten. Wie wir aus der Geschichte um Jules und seinen

Freunden wissen, stammt es direkt vom Jeu Provencal ab. Dieses wiederum ist eine einfachere Version des heute noch populären „Boule Lyonnaise“. Zu dieser Zeit entwickelten sich in den französischen Provinzen sehr viele Kugel-Spiele. Die meisten hatte es auch schon vorher gegeben, doch nun wurden sie im Lauf der allgemeinen Entwicklung des Sportes quasi zivilisiert. Das heißt, sie bekamen kodifizierte Regeln, nach denen Turniere ausgetragen wurden. 1894 wurde das erste Turnier nach den Regeln des lyonnaiser Spiels ausgeschrieben und 1200 Spieler sollen teilgenommen haben. Boule (oder Jeu) Lyonnaise, wie es seitdem heißt, wird auf einem speziell präparierten Terrain ausgetragen. Die Spielfelder sind in verschiedene Zonen unterteilt, vier Meter breit und 27,5 Meter lang. Das Spiel ist ziemlich kompliziert und bewegungsreich, die Kugeln sind größer (neun bis elf Zentimeter Durchmesser) und schwerer (700 Gramm bis 1,3 Kilogramm). Boule Lyonnaise galt lange Zeit als das Boulespiel überhaupt in Frankreich, und noch heute gibt es viele Franzosen, vor allem natürlich in der Umgebung von Lyon, die, wenn sie „Boule spielen“ sagen, Boule Lyonnaise meinen.

Höhepunkt der Entwicklung der Kugelspiele war die Teilnahme der Boulisten an den zweiten olympischen Spielen in Paris im Jahr 1900. Es traten insgesamt 54 Mannschaften an und kämpften um Gold, Silber und Bronze. Gespielt wurde in den Disziplinen „Jeu Lyonnais“ und „Partie de Berges“, ein ebenfalls sehr kompliziertes Kugelspiel, das auf schrägen Bahnen gespielt wird und sich in Paris herausgebildet hatte. Heute wird „Boule de Berges“ nur noch wenig gespielt. Alle Medaillen gingen damals natürlich an die Franzosen. Allerdings war das bisher der einzige Auftritt von BouleSpielern unter den fünf Ringen der Olympiafahne.

3. Die Entwicklung in Frankreich

Auch nachdem die Zutaten des modernen Pétanque (Regeln und Eisenkugeln) komplett waren, regte sich in den Dreißiger Jahren nur wenig. Pétanque spielte in Frankreich nur eine untergeordnete Rolle. Boule Lyonnaise war der Hauptdarsteller auf der Kugelbühne und dessen Funktionäre achteten eifersüchtig darauf, dass kein neuer Konkurrent nach oben kam. Bis zum Ende des Zweiten Weltkrieges war der Verband für Kugelspiele in staatlicher Hand, er wurde vom Sportministerium geleitet, das keine Nebenverbände duldete. Wer also offiziell spielen, das heißt mit einer Lizenz (und somit mit einer Versicherung für die Spieler) nationale und andere Meisterschaften ausrichten wollte, musste sich dem Regiment der Lyonnaise-Offiziellen fügen.

Erst nach dem Ende der Vichy-Regierung war es in Frankreich möglich, einen eigenen Verband zu gründen. Ernest Pitiot, der Erfinder unseres Spiels, überredete die Provencal-Spieler zum Austritt aus der staatlichen Federation Francaise des Boule und gründete den neuen Verband, der seither „Federation Francaise de Pétanque et Jeu Provencal“ (F.F.P.J.P.) heißt. Damals hatte der neue Verband für beide Spielformen gerade Mal um die zehn Tausend Mitglieder, davon vielleicht drei Tausend Pétanqueure. Neun Jahre später wurde die Organisation Mitglied des französischen Sportbundes, und seit 1978 ist Pétanque von der französischen Regierung offiziell anerkannt. Seit 2004 gilt Pétanque in Frankreich sogar als „sport haut niveau“ (Hochleistungssport), und ist damit anderen Sportarten wie Fußball, Rugby oder Leichtathletik regierungsamtlich gleichgestellt. Seither erhalten die Spieler und Vereine staatliche Förderung und Unterstützung. Für die Elite-Spieler bedeutet das quasi den Übergang in den professionellen Status. Aber auch in der Breite, zum Beispiel als Schulsport, bleibt das nicht ohne Folgen.

Die rasante Entwicklung des jüngsten Sprosses der Kugelspiele lässt sich am einfachsten durch die Entwicklung der vergebenen Lizenzen für Spieler ermessen. 1969 waren es schon 163.000 Spieler, die sich in den Vereinen organisierten, sechs Jahre später 330.000, zur Jahrtausendwende spielten weit über 400.000 Franzosen mit der Pétanque-Lizenz des F.F.P.J.P.. Die Spieler des Jeu Provencal sind immer noch im gleichen Verband organisiert, heute aber eine kleine Minder-

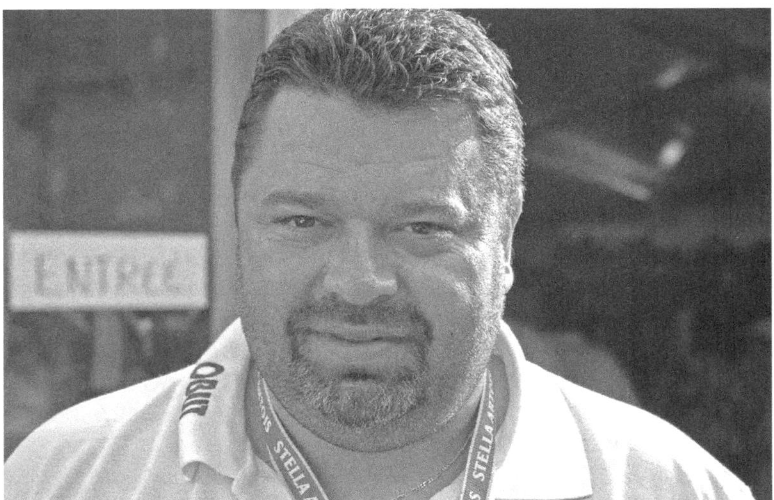

Abbildung 32: Philippe Quintais, vielfacher Weltmeister und WM-Coach, ist Frankreichs Top-Spieler.

heit. Seit den 70er Jahren hat Pétanque die klare Vormachtstellung im Kugelgeschehen Frankreichs und der Welt übernommen. Neben den Lizenzspielern, die ja nur die organisierte Spitze der Aktiven darstellt, spielen um die acht Millionen Franzosen mehr oder weniger regelmäßig mit den Stahlkugeln nach den Regeln des von Ernest Pitiot erfundenen Spiels.

Mittlerweile sind die Boule-Kugeln wie Rotwein und Baguette zu Wahrzeichen französischer Lebensart geworden, obwohl die Franzosen selbst bisweilen Vorbehalte gegen das Spiel pflegen. Das liegt daran, dass es mehr im Süden beheimatet ist und eher ein Vergnügen der Unter-und unteren Mittelschicht zu sein scheint. Das Klischee hierzulande, dass vorzugsweise alte Männer zu den Kugeln greifen, stimmt allerdings nicht. Pétanque gilt in Frankreich nicht nur beim Sport-Ministerium als Sport, es wird auch allgemein so wahrgenommen und in den Zeitungen oder dem Fernsehen unter dieser Rubrik abgehandelt.

In 24 regionalen Ligen spielen Vereinsmannschaften und Einzelteams um Punkte und um die Ehre, bei den französischen Meisterschaften anzutreten. Überall im Land werden kleine und große Turniere ausgespielt, bei denen es nicht selten hohe Geldprämien zu gewinnen gibt. Gute PétanqueSpieler sind jenseits des Rheins sehr populär und können von ihren Preisgeldern und den Einnahmen durch Sponsoren gut leben. Spitzengagen wie die Fußballer oder Rennfahrer streichen Pétanque-Spieler allerdings noch nicht ein.

Das sportliche Geschehen wird durch den französischen Verband straff organisiert, und es werden nationale Meisterschaften in allen nur möglichen Disziplinen ausgetragen. Auch Frauen und Jugendliche werden mittlerweile sehr gut integriert und fechten ihre eigenen Turniere und Championnate aus. Einer der Höhepunkte der Saison und wohl noch spektakulärer als die nationalen und Welt-Meisterschaften ist die so genannte „La Mondial la Marseillaise El Pétanque". Immer im Juli treffen sich um die 4000 Mannschaften mit über zwölftausend Spielern zum größten Boule-Turnier der Welt in Marseille. Eine ganze Woche dauert das Spektakel, das von der Zeitung „La Marseillaise" ausgerichtet wird und die ganze Stadt in Atem hält. Wer dort gewinnt, hat einen Platz in der Hall of Fame des Boulesports sicher. Bei so viel Spektakel bleiben die Medien nicht aus. Pétanque wird regelmäßig im Fernsehen übertragen. Die Sender veranstalten sogar eigene Turniere. Der private Bezahlsender Canal+ organisiert und überträgt die „Trophee Canal +", und auch die staatliche, frei empfangbare TVKonkurrenz TF 1 richtet ein eigenes Pétanque-Turnier aus, die „Trophee Master TF1".

4. Pétanque weltweit

Manche Leute meinen, dass der Aufstieg des Pétanque-Spiels in Frankreich mit dem Ende des Algerien-Krieges 1962 zu tun habe. Die Algerienfranzosen, die damals zahlreich zurück nach Frankreich kamen, sollen angeblich zum Push des neuen Spiels beigetragen haben. So gesehen hatte Pétanque immer schon einen internationalen Aspekt.

Doch die eigentliche internationale Karriere des Pétanque-Sports begann schon früher, 1957, in dem belgischen Seebad Spa. Dort trafen sich bei einem internationalen Turnier die Präsidenten der Verbände von Frankreich, Belgien, Marokko, Monaco, Schweiz und Tunesien; sie beschlossen, einen internationalen Verband zu gründen, was sie einige Monate später in Marseille in die Tat umsetzten. Zu den sechs Ländern gesellte sich Spanien als siebtes Gründungsmitglied dazu. Der Verband nannte sich und heißt bis heute „Federation Internationale de Pétanque et Jeu Provencal“, abgekürzt: „F.I.P.J.P.“

Immerhin schaffte es der Verband anfangs, einige Weltmeisterschaften zu organisieren. Die erste fand 1959 in Spa statt. 1961 richtete Cannes das „Championnat du Monde“ aus, danach folgten Casablanca (1963), Genf (1964) und Madrid (1965). Dann versank die Organisation in einige dunkle Jahre, die Franzosen traten sogar vorübergehend aus der internationalen Vereinigung aus, Weltmeisterschaften wurden nicht mehr abgehalten. Erst 1970 vertrugen sich die Funktionäre wieder, Frankreich machte erneut mit, und seit 1971 findet jedes Jahr das Kräftemessen der Nationalmannschaften statt. Gespielt wird nur in der Königsdisziplin, dem Triplette. Bisher (Stand 2005) fanden vierzig Weltmeisterschaften statt, zwanzig davon gewann Frankreich, vier die Schweiz, Tunesien, Marokko und Italien je drei, Monaco, Spanien, Algerien und Madagaskar schafften es jeweils ein Mal. Die beste Platzierung, die deutsche Teams bisher erreichen konnten, war der fünfte Platz. 1996 wurde die WM zum ersten und bisher einzigen Mal in Deutschland, in der Gruga-Halle in Essen, ausgetragen.

Seit den 70er Jahren ist der F.I.P.J.P. in guter Verfassung und hat sich bis heute enorm entwickelt. Aus den ursprünglichen sieben Nationalverbänden, die sich dem Pétanque-Weltverband angeschlossen hatten, sind über 60 Nationen aus allen fünf Erdteilen geworden. Zu den Weltmeisterschaften, die immer in einem anderen Land stattfinden, kommen neben den Mannschaften aus Europa und Nordafrika, Teams aus Nord-und Südamerika, aus Süd-und Westafrika, dem Fernen Osten (Thailand, Singapur, Kambodscha, Japan), aus Australien und Neuseeland. Außerdem organisiert der Verband seit 1987 neben den klassischen Weltmeisterschaften noch Weltmeisterschaften für Frauen und Jugendliche, die alle zwei Jahre abgehalten werden.

Diese Entwicklung des Weltverbandes zeigt, dass Pétanque mittlerweile auf dem ganzen Erdball gespielt wird. Weit über 600.000 Lizenzspieler vereinigt der Verband an Mitgliedern. Wenn wir bedenken, dass diese Zahl nur den harten Kern, die Leistungssportler unter den Boulespielern kennzeichnet, dann können wir ermessen, welche großartige Karriere die kleine Kugelsportart, die einst von einem Rheumakranken in La Ciotat erfunden wurde, hinter sich hat. Noch immer sind die allermeisten Boulespieler in Frankreich zuhause, doch die Anzahl in den anderen Ländern wächst beständig. Kein Wunder, dass die F.I.P.J.P. als erklärtes Ziel auf ihre Fahnen geschrieben hat, Pétanque zur olympischen Disziplin zu entwickeln. Beinahe wäre es schon soweit gewesen. Für die Olympischen Spiele in Barcelona 1992 war das Ziel zum Greifen nahe. Pétanque wäre beinahe dabei gewesen, als so genannte „Demonstrationssportart“. Doch kurz davor entschied sich das Olympische Komitee doch noch dagegen (und ließ dafür die Tennisspieler mitmachen).

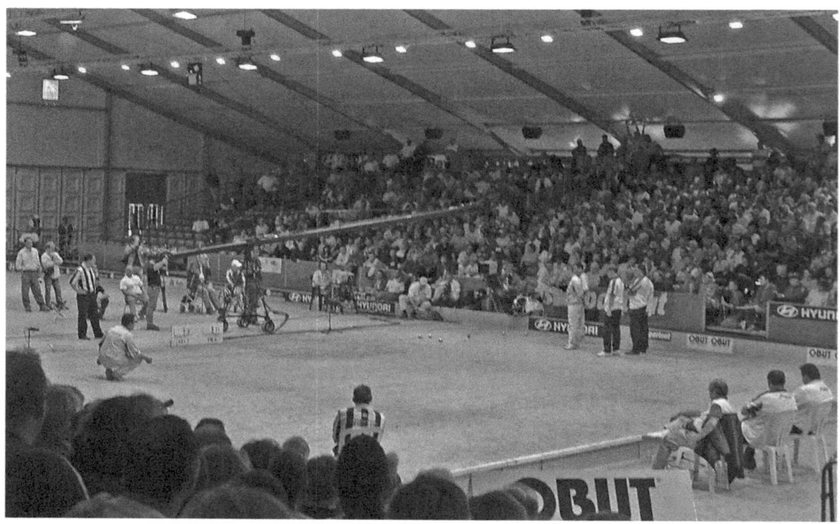

Abbildung 33: Frankreich gegen Belgien, Endspiel der Weltmeisterschaft in Brüssel. Die Halle ist ausverkauft und natürlich ist auch das Fernsehen mit dabei. In Frankreich wurde das Finale direkt übertragen, Frankreich gewann 15:6.

Neben dem Weltverband existiert natürlich auch ein Europaverband, die Confédèration Européenne de Pétanque (CEP). Ihr Ziel ist im Wesentlichen die Organisation von Europameisterschaften. Lange gab es diese nur für die Damen und Jugendlichen. Seit 2009 finden die Weltmeisterschaften der Senioren nur noch alle zwei Jahre statt und die Lücke wird durch Europameisterschaften geschlossen. Eine andere europäische Organisation gibt es bereits seit 1980. Das „International North Sea Pétanque Tournament", das von Belgien und Holland gegründet wurde, um ein Gegengewicht zur französischen Übermacht aufzubauen. Wie der Name sagt, findet hier ein internationales Turnier statt, an dem nur die Nationalmannschaften der Nordsee-Anrainerstaaten teilnehmen dürfen und dazu gehört Frankreich nun mal nicht. Der „Nordsee-Cup" (so seine deutsche Kurz-Bezeichnung) wurde jedes Jahr in einem der Mitgliedsländer ausgetragen. Alle Nordsee-Staaten waren dabei: neben den Gründern Belgien und Holland schlossen sich Großbritannien, Schweden, Deutschland, Norwegen und Dänemark an. Der Turniermodus sah vor, dass jedes Land gegeneinander mit drei Herren-, einem Damen- und einem Jugendteam antritt. Da die Franzosen nicht mitmachen durften, war der Nordsee-Cup jedes Jahr spannend. 2008 allerdings kam das Ende dieser größten Nebenveranstaltung des internationalen Pétanque-Geschehens.

5. Pétanque in Deutschland

Der erste deutsche Verein, der sich ausdrücklich dem Pétanque verschrieben hatte, wurde 1963 im Bonner Stadtteil Bad Godesberg gegründet. Er ging aus einem Freundschaftskreis hervor, der sich vorwiegend aus Mitarbeitern der französischen Botschaft zusammensetzte. Der „1. Boule Klub Pétanque Bad Godesberg e.V." verstand sich daher als ausgesprochen deutsch-französisches Projekt und gab neben der „Pflege des Boule-Spiels" als Vereinszweck auch „körperliche Ertüchtigung" an. In Anlehnung an die französische Tradition verstand man sich natürlich als Sportverein. Das hatte allerdings einen Haken: Die deutschen Behörden wollten das nicht glauben und es dauerte eine Zeitlang, bevor der Klub als „eingetragener Verein e.V." anerkannt wurde. Noch schwieriger wurde es für den neuen Verein, in den Kreissportbund aufgenommen zu werden. Die alteingesessenen Sportfunktionäre dachten zunächst an einen Scherz. Erst als die Godesberger Bouler „Beweise" anbrachten, Material über französische Pétanque-Ligen, Meisterschaften und Wettkämpfe vorlegten, gaben die Sportpolitiker zögernd nach und stimmten einer „außerordentlichen Mitgliedschaft" zu.

Die ersten Schritte waren also ziemlich beschwerlich. Doch dann ging es relativ schnell. Frankreich-Urlauber brachten das Spiel aus der Provence über den Rhein nach Deutschland. Außerdem existierten von der deutschen Öffentlichkeit meist unentdeckt überall dort, wo französische Besatzer stationiert waren, im Südwesten Deutschlands und in Berlin, schon viele Spielgemeinschaften und Vereine. Irgendwann fanden sich dann die frankophilen Deutschen und die schüchternen Franzosen, und es entstand eine kleine, aber schnell wachsende Boule-Szene in Deutschland, die ihre Schwerpunkte zunächst im Saarland, Düsseldorf, Koblenz und Freiburg hatte. Die ersten Deutschen Meisterschaften fanden 1977 statt, im Triplette, der wichtigsten Disziplin im Pétanque. Allerdings waren diese ersten Meisterschaften eher improvisierte Turniere, an denen noch jeder teilnehmen konnte. 1979 spielte sogar ein französisches Team mit, gewann natürlich, und so wurde einfach der Zweite zum Deutschen Meister gekürt. Doch die Sponti-Zeiten des deutschen Boule-Geschehens sind längst vorbei. 1984 wurde der Deutsche Pétanque Verband (DPV) gegründet, der sich heute in zehn Landesverbände gliedert (siehe Glossar). Selbstverständlich sind diese Verbände Mitglieder in den jeweiligen Sportverbänden und erfreuen sich dort wegen der Dynamik des Migliederzuwachses großer Beachtung. Als das deutsche Damenteam bei den World Games 2005 in Duisburg die Bronzemedaille holte, gratulierte sogar der Bundeskanzler zum sportlichen Erfolg.

Noch führt das Boule-Spiel ein Schattendasein im öffentlichen Bewusstsein Deutschlands. Doch immer mehr wird das Hantieren mit den Stahlkugeln zum Trendsport, der viele Anhänger findet. Die Statistik der Kugelverkäufe lässt darauf schließen, dass etwa eine Million Deutsche schon wenigstens einmal Boule-Kugeln in der Hand hatten, rund 100.000 dürften mehr oder weniger regelmäßig spielen. Über 13.000 betreiben Pétanque als ernsthaften Sport, denn in etwa so viele Lizenzspieler verzeichnet der DPV. Sie sind organisiert in Vereinen und tragen ihre Wettkämpfe in den Kreis-, Bezirks-, Regional-, Ober-und Landesligen aus. Neben den Ligaspielen herrscht noch reger Turnierbetrieb. Unzählig viele Turniere werden heute in Deutschland ausgerichtet, manche nur regional, andere mit großer überregionaler, bisweilen auch internationaler Ausstrahlung.

Deutsche Meisterschaften werden heute in allen Disziplinen ausgetragen. Den klassischen: Tête-à-Tête, Doublette, Triplette. Außerdem noch Doublette Mixte (Mann mit Frau), Doublette Damen, die Meisterschaft der Tireure und die Vereinsmeisterschaften. Wer daran teilnehmen will, muss sich in verschiedenen Runden und landesweiten Ausscheidungswettkämpfen qualifizieren. Bei Deutschen Meisterschaften dabei sein heißt heute schon einiges. Hier kämpfen nur noch die Besten.

6. Turniere und Turnierbetrieb

Die Turniere sind nicht nur sportliche Wettkämpfe, sondern auch die Treffpunkte der Boule-Gemeinde. Doch die Zeiten, als die Teilnehmerzahlen noch übersichtlich waren und jeder jeden kannte, sind vorbei. Heute zeichnet sich ein Turnier auch dadurch aus, dass es professionell organisiert wird. Es gibt verschiedene Ausrichtungsformen, von denen ich hier nur die wichtigsten vorstelle.

Zunächst wird ein Turnier in einer bestimmten Disziplin ausgeschrieben. Doublette, Triplette, seltener Tête-à-Tête. Viele große Turniere dauern ein ganzes Wochenende und vereinen mehrere Veranstaltungen; meist ein Doublette-Turnier am Samstag, am Sonntag wird dann Triplette gespielt. Wer schon am Freitagabend anreist, schreibt sich für ein Nocturne im **Super-Mêlée**-Modus ein. Was ist das? Ein Nocturne ist ein Turnier, das am Abend startet und in die Nacht hinein dauert. „**Mêlée**" heißt, dass die Spieler zu Beginn eines Turniers einander zugelost werden, die Teams kommen also zufällig zustande. „Super-Mêlée" bedeutet, dass in jeder Runde die Mannschaften neu ausgelost werden. Solche Mêlée- oder Super-Mêlée-Turniere sind eher Spaßveranstaltungen, obwohl auch bei ihnen Startgeld verlangt und als Preisgeld wieder ausbezahlt wird. Diese Turniere dienen bevorzugt zum Kennen lernen, und da der Zufall bei der Partnerwahl mitspielt, sind manchmal auch Spieler auf den vorderen Plätzen, die sonst kaum zu den Siegern zählen. Viele Vereine organisieren regelmäßig Super-Mêlée-Turniere, um ihre Mitglieder ein wenig durcheinander zu schütteln. Ansonsten würden die Guten nur mit den Guten spielen, und die Anfänger blieben immer unter sich. Werden die Spieler zugelost, kann jeder einmal mit einem der Cracks die Kugel werfen und von seinen taktischen und technischen Tipps profitieren.

Doch wenn es sportlich zugeht, treten natürlich feste Mannschaften an. Man spielt dann ein **Triplette formée** oder **Doublette formée**. Dieser Art ist die gebräuchliche für das Ausrichten eines Turniers. Nun kommt es auf den Modus an. Hier finden wir wieder zwei prinzipiell unterschiedliche Herangehensweisen. Ist der Sinn des Turniers, einen Sieger zu bestimmen, so wird fast immer ein KO-Modus gespielt. Es gibt aber auch Veranstaltungen, bei denen kommt es darauf an, etwa die besten acht zu bestimmen. Das ist zum Beispiel bei den Qualifikationen zu den Deutschen Meisterschaften der Fall. Ein Landesverband darf nur eine bestimmte Anzahl an Mannschaften zur Meisterschaft schicken, und will daher ermitteln, wer die besten acht, 22 oder 36 sind, jenachdem wie hoch sein Kontingent ist. Für solche Turniere ist das so genannte Schweizer System sinnvoll.

Das **Schweizer System** hat die deutsche Boule-Szene vom Schachsport übernommen. Es wird in mehreren Runden gespielt und es gibt kein Ausscheiden einer Mannschaft. Die erste Runde wird frei gelost. Danach spielen jeweils die Teams gegeneinander, die gleichviel Siege oder Niederlagen haben. In der zweiten Runden treten also die Sieger gegeneinander an und die Verlierer ebenfalls: in der dritten Runden spielen diejenigen mit zwei Siegen gegeneinander, die mit je einem Sieg und einer Niederlage, und die mit zwei Niederlagen, und so fort. Schon nach den ersten Runden ergibt sich so ein differenziertes Feld. Es gehört außerdem zu den Regeln des Schweizer Systems, dass nie zwei Mannschaften zweimal gegeneinander antreten dürfen. Das würde das Ergebnis verzerren. Bevor dieser Fall eintritt, wird eher eine Mannschaft von einer niederen Gruppe nach oben gelost. Um einen eindeutigen Sieger zu küren, muss eine feste Anzahl von Runden gespielt werden. Die Anzahl berechnet sich so: Die Potenz „2 hoch Rundenzahl“ muss größer sein als die Zahl der teilnehmenden Mannschaften. Starten also mehr als 32 Teams, aber weniger als 64, dann reichen sechs Runden, da Zwei hoch Sechs 64 ergibt. Beteiligen sich weniger als 32 Teams reichen schon fünf Runden aus.

Oft geht es bei Turnieren im Schweizer System nicht in erster Linie darum, einen Sieger zu küren, sondern um die Festlegung einer Reihenfolge. Dafür werden so genannte **Buchholz-Punkte** berechnet. Sie ergeben sich aus der Anzahl der Siege, die die jeweiligen Gegner erreicht haben. Dadurch ergibt sich eine Differenzierung in den hinteren Rängen, die relativ gerecht ist. Die Zahl der Buchholz-Punkte ergibt sich aus der Anzahl der Siege, die die Gegner einer Mannschaft errungen haben. Wer bei fünf Runden zwei Niederlagen zu beklagen hat, diese aber gegen Teams einstecken musste, die fast alles gewonnen haben, die also vier und fünf Siege einstreichen konnten, bekommt deren Siege als Buchholz-Punkte. Es zählen auch die Siege, die die anderen Gegner, gegen die gewonnen wurde, noch erreichten. So ergibt sich eine Maßzahl relativer Stärke. Wer gegen gute Gegner gespielt hat wird höher bewertet als einer, der gegen Verlierer angetreten ist. So lässt sich noch fair bestimmen, wer Siebter oder Neunter ist, auch wenn der Zehnte oder Elfte ebenfalls drei Siege aufweisen können.

Das Schweizer System ist relativ kompliziert, hat jedoch neben dem Effekt, dass es sich gut für Qualifikationsturniere eignet, noch die Eigenschaft, dass jede Mannschaft bis zum Ende des Turniers im Wettbewerb bleibt. Keiner scheidet frühzeitig aus. Das ist bei allen anderen Turnieren, die nach dem **KO-Modus** funktionieren, nicht der Fall. KO steht für „knock out“ und bedeutet: Wer verliert, ist draußen.

So kann es leicht zu Verstimmungen kommen, wenn etwa ein Team über 100 Kilometer zum Turnier anreist, zwei Stunden auf die Auslosung wartet, auf einen Champion trifft, in zehn Minuten abgefertigt wird, und dann nach Hause fahren kann. Um das zu vermeiden, sind die Turniere fast immer so organisiert, dass wenigstens drei Spiele garantiert sind. Der KO-Modus kann in verschieden Formen ausgetragen werden.

Das Poule-System. Alle Deutschen Meisterschaften werden im Poule-System ausgetragen. Hier darf man sich sogar zu Beginn eine Niederlage erlauben, und kann das Turnier doch noch gewinnen. Die Mannschaften werden in Vierergruppen aufgeteilt, den so genannten Poules. Nach der ersten Runde spielen innerhalb dieser Vierergruppe die jeweiligen Sieger gegeneinander, die Verlierer ebenfalls. Der Sieger des Sieger-Matches hat nun zweimal gewonnen und sich für die weiteren Runden qualifiziert. Er kann Pause machen. Der Verlierer des Sieger-Matches tritt nun gegen den Sieger des Verlierer-Spiels an. Man nennt dieses Entscheidungsspiel **Barrage**. Wer es gewinnt, hat nun ebenfalls zwei Siege und ist daher für den weiteren Turnierverlauf qualifiziert. Die beiden anderen Mannschaften sind ausgeschieden. Die Mannschaft, die zweimal hintereinander verloren hat, brachte es in diesem System also nur auf zwei Spiele im Haupttunier. Sie kann sich nur noch in einer Trostrunde, die bei den Meisterschaften angeboten werden, bei Laune halten. Die Mannschaft, die in der Barrage verloren hat, brachte es immerhin auf drei Spiele. Bei den Deutschen Meisterschaften wird nach dem ersten Poule noch ein weiterer gespielt, der nach den gleichen Regeln verläuft. Daher spricht man von einem Doppel-Poule-System. Auch hier kann sich der zukünftige Deutsche Meister noch einen Ausrutscher leisten. Da jeweils 128 Mannschaften bei deutschen Meisterschaften ins Rennen gehen, bleiben nach den beiden Poules noch 32 Mannschaften übrig. Der weitere Turnierverlauf (er findet sonntags statt, die Poule-Runden am Samstag) kennt nur KO-Runden.

Das Poule-System wird bei normalen Turnieren jedoch nur noch selten gespielt, Doppel-Poule noch seltener. Außerdem wird so gut wie immer ein B-Turnier angeboten. Meist trennt man schon nach einer Poule-Runde, die beiden Ersten kommen in das A-Turnier, die beiden Verlierer in das B-Turnier. Danach geht es dann im strikten KO-System weiter. Immerhin sind so drei Spiele selbst für den garantiert, der alle drei verliert.

Da anders als bei den Deutschen Meisterschaften die normalen Turniere in den meisten Fällen nicht auf eine Zahl begrenzt sind, muss immer noch eine Zwischenrunde eingelegt werden. Es geht darum, die Zahl der Teilnehmer auf eine Zweier-Potenz zu reduzieren. Denn nur so kommt man hinterher über das Achtel-, Viertel-, und Halbfinale zum Endspiel. Man nennt diese Zwischenrunde **Cadrage**. Sie sollte so früh wie möglich angesetzt werden, weil es bei dieser Runde je nach Anzahl der Teams Freilose gibt. Und es macht keinen guten Eindruck, wenn ein Team durch ein Freilos in das Viertelfinale eines Turniers einzieht.

KO-ACBD. Dieses Kürzel liest man oft bei Turniereinladungen. Es ist das mittlerweile wohl gebräuchlichste System, um Turniere, gerade große Turniere, auszurichten. Die Abkürzung sagt, dass der Veranstalter eigentlich vier Turniere ausrichtet, von denen sich das eine aus dem anderen ergibt. Wer die ersten beiden Spiele gewinnt bleibt im A-Turnier, dem eigentlich sportlich relevanten. Verliert dagegen ein Team das erste Spiel, ist es aus dem A-Turnier ausgeschieden und landet automatisch im C-Turnier. Verliert es auch das zweite Spiel, fliegt das Team auch aus dem C-Turnier und landet im D-Turnier. Gewinnt eine Mannschaft das erste Spiel, verliert jedoch das zweite, befindet es sich im B-Turnier. Nach den ersten zwei Runden hat sich das Feld also in vier Turnier-Gruppen aufgeteilt. Nun beginnt im Regelfall die Cadrage, es wird auf eine Zweierpotenz heruntergespielt. Wer dieses Spiel verliert oder eines der folgenden, scheidet aus. Dieses System ist deswegen so beliebt, weil es jedem Teilnehmer bei nur einer Einschreibegebühr, mindestens drei Spiele ermöglicht, und auch weniger professionellen Teams noch Erfolgschancen bietet. Wer in A keine Chance hat, kann immer noch in D zum Champion werden. Er bekommt dafür sogar noch einen Sach- oder Geldpreis, der natürlich deutlich unter dem der Vorderen im A-Turnier liegen sollte.

Von allen diesen Systemen werden natürlich auch Varianten oder Mischungen gespielt. Bisweilen geben sich die Turnierausrichter auch die Mühe, eigene und vermeintlich neue Modi auszuprobieren. Im Großen und Ganzen bleiben die meisten jedoch bei den bewährten Systemen.

Wie viele Turniere es jährlich in Deutschland gibt, ist schwer zu sagen. Mehrere Hundert dürften es sein, genügend, dass ein Boulespieler jedes Wochenende zu einem Wettkampf starten könnte. Selbst im Winter macht die Saison nicht halt. Zum einen gibt es die Boulehallen, in denen ohne widrige Witterungseinflüsse gespielt werden kann, zum anderen schrecken Boule-Verrückte vor Schnee und Regen nicht zurück. Neben den Deutschen Meisterschaften, die zumindest in den klassischen Disziplinen zum jährlichen nationalen Treffpunkt der sportlichen Boule-Szene wurden, gibt es noch eine Reihe herausragender Turniere, die über nationale Bedeutung verfügen. Das größte deutsche Bouleturnier ist das „**Holstentorturnier**“ in Lübeck-Travemünde. Über 1.000 Spieler treffen sich dort jedes Jahr, um sich im Doublette (Samstag) und Triplette (Sonntag) sportlich zu messen. Die Spieler kommen von überall her, auch aus dem Ausland, und genießen nicht nur das hohe Niveau des Spiels, sondern auch das Ambiente direkt am Ostsee-Strand. Wer ausscheidet, kann baden gehen.

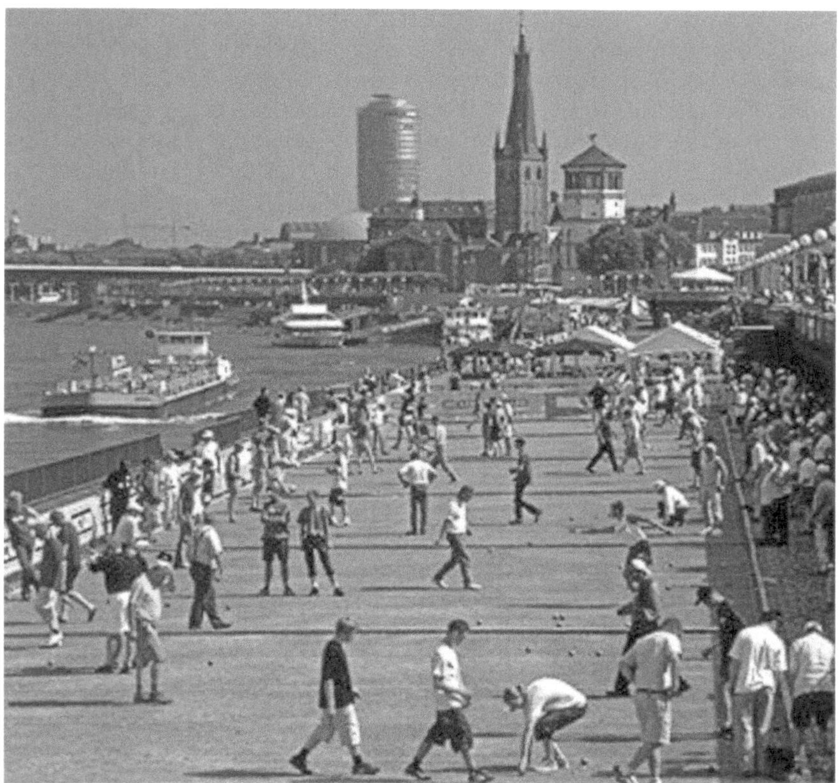

Abbildung 34: Festival de Pétanque in Düsseldorf. Mitten in der Stadt und am Ufer des Rheins herrscht eine Woche im Juni Kugelfieber. Das Terrain dafür wird extra aufgeschüttet.

Einen hervorragenden Ruf über die Grenzen Deutschlands hinaus genießt das „**Festival de Pétanque**“ in Düsseldorf. Auch hier spielen die Pétanqueure am Rhein, sogar direkt am Ufer und mitten in der Stadt. Denn extra für dieses Turnier lässt der Düsseldorfer Boule-Verein „Sur place“ die Rheinuferstraße mit Kies aufschütten und erzeugt so einen hervorragenden Boule-Boden. Das Publikum, das oben auf der Rheinpromenade spazieren geht, hat einen hervorragenden Blick auf die Wettkämpfe. So kommt Boule zum Publikum und es kommt in Düsseldorf gut an. Das Festival besteht aus einem ganzen Strauß von Turnieren: Triplette, Doublette, Stadtmeisterschaft, internationaler Jugendvergleich und noch einigen kleineren Veranstaltungen.

Ähnlich nah am Publikum, nur deutlich weiter rheinaufwärts, organisiert der Bouleclub aus Bacharach den „**Mittelrheinpokal**“ der jeden Sommer die Spiele in Massen anzieht. Legendär ist ebenfalls das „**Hofgartenturnier**“ in München, und die Hannoveraner organisieren ihr „**Boulefestival Hannover**“ sogar über eineinhalb Wochen lang. Vom „Grand Prix“ bis zum Schüler-Turnier und „Promi-Boule“ wird hier jedem etwas geboten. Im großen Reigen der deutschen Turniere spielen noch die Berliner Turniere mit. Wir können hier nicht alle aufzählen, doch ein Blick in den Turnierkalender (siehe Glossar) zeigt, wie vielfältig die Landschaft geworden ist. Jedes Jahr veranstaltet der Kugelhersteller Obut den „**Grand Prix Obut**“. Er findet jeweils an einem anderen Ort statt. Durch die Beziehungen des Sponsors treten regelmäßig französische und internationale Spitzenspieler auf, die Pétanque in der deutschen Öffentlichkeit sportlich präsentieren sollen. Wenn Sie neugierig geworden sind, suchen Sie sich doch einfach eines der Turniere in Ihrer Nähe aus und - machen Sie mit. Sie sollten sich nur vorher erkundigen, ob das Turnier lizenzfrei ist. Denn bei einigen der großen Veranstaltungen dürfen nur Lizenzspieler teilnehmen.

7. Boule-Visionen. Zukunft eines Trendsportes

In Deutschland steht der Pétanque-Sport vor einem Wendepunkt. Noch fristet er ein Schattendasein und wird in der breiten Öffentlichkeit nicht als Sport wahrgenommen. Eine schöne Freizeitbeschäftigung, so sehen es die unbedarften Zuschauer. Aber gerade durch das Flair des Lockeren und Leichten und mit dem Image des französischen Savoire Vivre hat das Boule-Spielen schon eine beträchtliche Breite erreicht. Ob es nun 100.000 Freizeitspieler sind, die regelmäßig die Kugel in die Hand nehmen, oder 400.000 wie andere behaupten, ist nicht entscheidend. Die kritische Masse ist auf jeden Fall vorhanden. Schon allein die mehr als 13.000 Lizenzspieler, also diejenigen, die in den rund 500 Vereinen sportlich organisiert sind, könnten eine solide Basis bilden. Doch für was?

Ein Blick auf das durchaus verwandte Spiel Curling, zeigt, was Pétanque noch fehlt. Curling hat deutschlandweit um die 1200 Lizenzspieler, Freizeitspieler gibt es wegen der komplizierten und teuren Voraussetzungen (Eisbahn) so gut wie keine. Dennoch ist das Boule auf dem Eis eine olympische Disziplin geworden und zieht eine beträchtliche öffentliche Aufmerksamkeit auf sich. Davon kann das viel einfachere und daher viel häufiger gespielte Pétanque nur träumen. Kein Wunder also, dass sich die Offiziellen des Pétanque-Sports Gedanken machen, wie sie ihr Spiel künftig verstärkt in die Öffentlichkeit bringen können. Neben dem Drang nach Popularität und Anerkennung geht es dabei auch um neue Finanzquellen: Mit Medienpräsenz winken Sponsorengelder. Kein Sport kommt heute ohne aus.

Hinter den Kulissen und ohne dass eine Zeitung darüber geschrieben hätte ist eines der Ziele schon erreicht. Vor allem durch die internationalen Erfolge des Frauenteams wurde die Sportpolitik auf Pétanque aufmerksam. Das Bundesinnenministerium erkannte 2005 Pétanque als Leistungssport an und stellte es auf seine Förderliste. Doch das allein reicht Klaus Eschbach, dem Präsidenten des Deutschen Pétanque Verbandes, nicht. Unter seiner Führung erarbeitete der Verband ein mittel-bis langfristiges Konzept zur Förderung des Sports.

Seither ist einiges passiert. Seit 2007 spielt die „Deutsche Pétanque Bundesliga" den deutschen Vereinsmeister aus. Die Deutschen Meisterschaften in den Einzeldisziplinen werden betont öffentlichkeitswirksam präsentiert, und die Spitze des Leistungssports wird durch ein ausgefeiltes Kaderkonzept gefördert. Bis 2010 war dafür der französische Ex-Weltmeister Daniel Voisin als Trainer zuständig. Trotz großer Erfolge kommen die Bemühungen des Verbandspräsidenten nur zäh voran. Das liegt paradoxerweise gerade daran, dass Boule heute schon eine große Basis an Spielern hat. Und vielen davon ist die „Professionalisierung" ihres Sports ziemlich egal, oder sie sehen es sogar mit Skepsis.

So wird es vermutlich noch ein wenig dauern, bis wir das Fernsehen zum Endspiel für das Boule-Masters anschalten und dabei zwei picobello ausstaffierten Teams sehen, die von Kopf bis Fuß in chice Sportuniformen gehüllt sind. Natürlich zieren ihre Mützen und Trikots Sponsorennamen, das Turnier selbst ist nach einer populären Marke benannt und findet in einer Boule-Arena statt, die den Namen einer großen Firma trägt. Selbstverständlich sind dann die Kugeln des einen Teams schwarz, die des anderen weiß, so dass das Publikum vor Ort und an den Bildschirmen dem Spiel folgen kann. Und der Fernsehreporter wird dann so gebildet sein, dass er das Spiel kennt und wirklich kommentieren kann.

Darauf wird die Boule-Gemeinde in Deutschland noch lange warten müssen. In Frankreich dagegen ist es schon soweit. Und auch hierzulande ist Boule für einige Firmen ein guter Werbeträger. Natürlich engagieren sich die Kugelhersteller und unterstützen Vereine oder einzelne Spitzenspieler. Auch der französische Schnapsfabrikant Ricard hat einige Jahre lang einen bundesweiten Vereinswettbewerb gesponsert, den durchaus beliebten „Ricard-Cup“. Eine Weizenbier-Brauerei aus Baden-Württemberg setzte als einer der ersten anfangs der 90er in größerem Stil auf Boule. Seitdem kommen immer wieder Firmen auf die Idee, das Image „sportlich, locker, outdoor“ für sich zu nutzen. Das Flair der Kugeln ist werbewirksam.

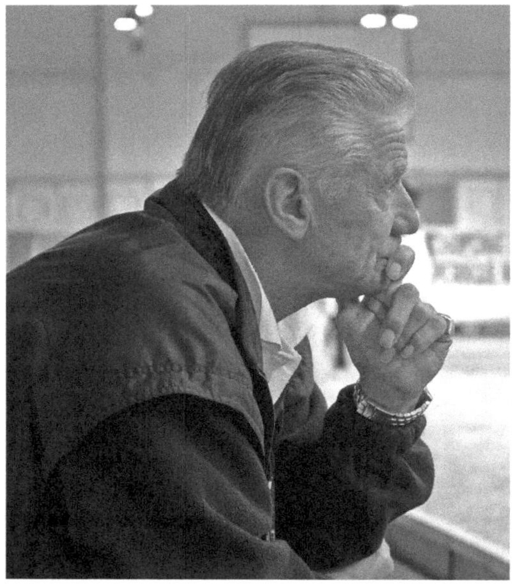

Abbildung 35: Daniel Voisin französischer Spitzenspieler und Ex-Weltmeister gab dem deutschen Pétanque viele Impulse. Von 2005 bis 2010 wirkte er als Bundestrainer.

Aber die Kommerzialisierung als Sport ist nicht die einzige Richtung, in der Boule-Spielen eine Karriere vor sich hat. Da man bei unserem Spiel kein Athlet sein muss, ist es ideal für Menschen, die ihre eigentliche Sportgeschichte hinter sich haben. Viele Sportler, die vom Fußball, Rugby oder Handball kommen, manchmal lädiert sind und daher auch bei den „Alten Herren“ nicht mehr mitspielen wollen, entdecken den Reiz des Wettkampfes mit den Kugeln. Begabung vorausgesetzt, können sie es auch in fortgeschrittenem Alter noch weit bringen. Manche suchen nur den Ausgleich und frische Luft, doch Spazierengehen ist ihnen auf die Dauer zu langweilig; diese Leute entdecken zunehmend das Boule-Spielen als Alternative. Bisweilen verschreiben Ärzte lauffaulen und herzkranken Patienten einen Hund, weil der sie zu regelmäßigen Spaziergängen nötigt. Es soll Ärzte geben, zu deren

Verschreibungs-Repertoire Boule gehört. Die ersten sozialwissenschaftlich orientierten Studenten schreiben ihre Abschlussarbeiten über den Einsatz von Pétanque im Gesundheitswesen. In Bad Breisig wurde dieser Aspekt der Kugeln sogar zur Grundidee eines Seniorenzentrums. Bei der Vorstellung ihres Projektes erklären die Betreiber: „Da das Boulespielen ein Gesellschaftssport ist, bei dem der Anteil an älteren Menschen sehr hoch ist, haben wir dies als tragende Säule gewählt." Zwar irren sich die Initiatoren bei der Einschätzung der Altersklassen beim Boule, denn die Spieler rekrutieren sich aus Jung **und** Alt. Richtig liegen sie aber, wenn sie darauf setzen, dass auch noch Ältere beim Spiel sinnvoll mithalten können, und das Spiel eine Generationenbrücke bilden könnte.

Gerade öffentliche Bouleplätze haben sich außerdem als hervorragende Begegnungsstätten für Leute aus verschiedensten Kulturen erwiesen. Nicht nur Franzosen trifft man dort, sondern viele Süd europäer, Afrikaner, Araber oder Türken. Multi-Kulti ist unter Pétanqueuren normal. Hier können Sozialarbeiter hervorragend Integrationsmodelle studieren und als Mittel zur Sozialarbeit einsetzen.

Ein gutes Beispiel für diese zwanglose Integrationskraft ist das Boulodrome in Berlin Kreuzberg. Es liegt am Paul-Linke-Ufer, durchaus idyllisch und mitten im Berliner Problembezirk. Alle möglichen Nationalitäten treffen sich hier, darunter viele Jugendliche. Doch Schlägereien oder ähnliches gibt es dort nicht. Dabei wird am Paul-Linke-Ufer keine ruhige Kugel geschoben, sondern gutes Pétanque gespielt. Einige Spieler des dortigen Klubs sind mehrmals deutsche Meister geworden. Das färbt ab. Vielleicht zeigt gerade dieses Berliner Beispiel, wie sich SpitzenPétanque und sozialintegrative Breitenwirkung nicht widersprechen, sondern bestens ergänzen.

Glossar (Boule-Vokabeln)

Arbitre: Schiedsrichter

Aufnahme: Durchgang, bei dem alle Kugeln gespielt werden.

Barrage: Entscheidungsspiel im Poule-System.

Bec: Das Anspielen einer Kugel, um so zum Ziel zu gelangen.

Belle: Entscheidungsspiel bei zwei Gewinnsätzen

Biberon: Die Kugel liegt direkt an der Sau (franz.: Saugflasche für Säuglinge).

Bouchon: Sau, Zielkugel

Boulodrôme: künstlich angelegter Bouleplatz

Buchholz-Punkte: Werden beim Schweizer System zur Bestimmung der Siegerrangliste herangezogen.

But: Sau, Zielkugel

Cadrage: Eine Spielrunde im Turnier, mit der die Anzahl der Teams auf eine Zweierpotenz heruntergespielt wird.

Carreau: Ein Treffer, bei dem die Schusskugel dort liegen bleibt, wo die geschossene Kugel vorher lag, **Carreau sur place** heißt, die Kugel liegt exakt an der Stelle der geschossenen.

Casquette: (franz. Mütze) Treffer von oben, „auf die Mütze"

Cercle: Abwurfkreis

Chiquette: Eine Kugel wird bei einem Schuss nur schwach getroffen, so dass sie sich kaum bewegt.

Cinema: Wenn einer die große Show abzieht.

Cochonnet: Sau, Zielkugel

Concours: Wettbewerb, Turnier

Demi-Portée: Halbhoher Wurf beim Legen

Devant: Eine Kugel davor, im engeren Sinne: eine Kugel genau vor einer gegnerischen zur Verteidigung.

Donnée: Punkt, auf dem beim Legen die Kugel auf den Boden aufschlägt.

Doublette: (Wettbewerb von) Zweiermannschaft(en)

Fanny: Eine Partie, die zu Null verloren wird. Geht zurück auf eine etwas anzügliche Sitte, das der Zu-Null-Verlierer den nackten Hintern der „Fanny“ (die es angeblich als Bedienung einer Boule-Kneipe gegeben haben soll) küssen musste. Daher gibt es fast überall, wo Boule gespielt wird, ein Bild einer jungen Dame, die ihren Rock hebt und den nackten Hintern zeigt.

KO-Modus: Turnierform, bei der der Verlierer einer Partie ausscheidet.

Lizenz: Spielerpass des Deutschen Pétanque Verbandes, der bei Liga-Spielen, Landes- und Deutschen Meisterschaften sowie anderen offiziellen Turnieren benötigt wird.

Mêlée: Turnier, bei dem die Teams durch Losen gebildet werden.

Mène: französisch für Aufnahme

Milieu: Mittelspieler beim Triplette

Nocturne: Ein Turnier, das nachts (unter Flutlicht) gespielt wird.

Palet: Treffer, bei dem die Schusskugel nicht weit weg rollt.

Plombée: Sehr hoher Wurf, so dass die Kugel beinahe senkrecht herunterfällt und kaum noch weiterrollt.

Pointeur: Leger

Poussette: Ein Wurf, bei der eine vorne platzierte Kugel angestoßen und in Richtung Sau (und Punkt) bewegt wird.

Portée: Hoher Bogenwurf beim Legen

Poule: Turniersystem, bei dem zunächst in kleineren Gruppen (poules) gespielt wird.

Raclette: Flachschuss

Rafle: eigentlich: „tir à la rafle“, flach schießen.

Retro: Treffer, bei dem die Schusskugel zurück rollt.

Rond: Abwurfkreis

Schweinchen: anderer Ausdruck für Sau, Zielkugel

Schweizer System: spezielle Turnierform (siehe Turniere)

Super-Mêlée: Turnierform, bei der die Teams in jeder Runde neu durch Losen gebildet werden.

Tête-à-Tête: Wettbewerb zwischen Einzelspielern

Terrain libre: Freies Gelände, das heißt, es wird ohne eingegrenzte Felder gespielt.

Tireur: Schießer

Tirette: Kleiner Zollstock mit verschiebbarem Teilstück zur exakten Messung

Triplette: (Wettbewerb zwischen) Dreier-Mannschaft(en)

Verbände

Federation Internationale de Pétanque et Jeu Provencal

www.fipjp.com

Hier finden Sie alle Adressen der nationalen Verbände, Informationen über Weltmeisterschaften und über die Entwicklung des Boule-Sports in der Welt.

Deutscher Pétanque Verband e.V.

Geschäftsstelle:
Didier Specht, Auf der Papagei 59a, 53721 Siegburg

www.Pétanque-dpv.de

Auf dieser Web-Site finden sich zahlreiche weiterführende Adressen und Links, unter anderem die der zehn Landesverbände: Baden-Württemberg, Bayern, Berlin, Hessen, Niedersachsen, Nord (Hamburg und Schleswig-Holstein), Nordrhein-Westfalen, Rheinland-Pfalz, Saarland und Thüringen. Auf deren Homepages wiederum findet man Informationen über Vereine, Ligen und alles mögliche Andere.

Boule-Nachrichtendienste

Über das internationale Boule-Geschehen berichtet:

www.Pétanque.org

Über Deutschlands Bouleszene:

www.planetboule.de

www.boule-is-cool.de

www.bayernPétanque.de

Turnierkalender:

www.Pétanque-turniere.de

www.people.freenet.de/boule

Literatur

Holger Droß, Jan-Eric Hausmann:
Boule und Pétanque - Der runde Freizeitsport.
Falken Verlag

Felix Hübner, Ulrich Koch:
Boule, Pétanque, Boccia.
Hugendubel Verlag

Michael Hornickel:
Jeux de Boules -Pétanque und andere Kugelspiele.
Verlag Klaus Guhl

Eberhard Kirchhoff:
Gewinnen beim Pétanque.
Rau Verlag

Phillippe Messmehr:
Die Kunst des Boulens. Pétanque holistisch.
Devant Verlag

Marco Ripanti:
Pétanque verständlich gemacht.
Copress Verlag

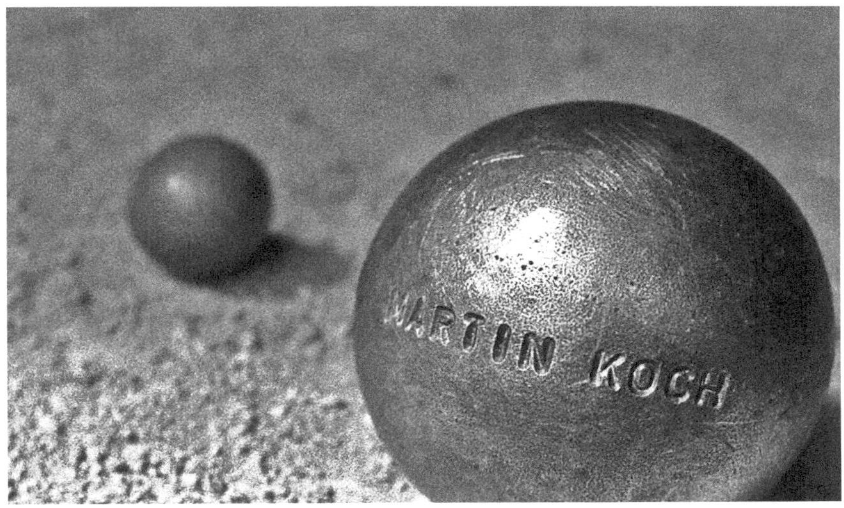

Abbildung 36